DANIEL COLLADO MATEO
SANTOS VILLAFAINA DOMÍNGUEZ
MIGUEL ÁNGEL PÉREZ SOUSA

FIBROMIALGIA

CALIDAD DE VIDA Y MEJORA A TRAVÉS DEL EJERCICIO FÍSICO EN MUJERES

©Copyright: Los Autores

©Copyright: De la presente Edición, Año 2019 WANCEULEN EDITORIAL

Título: FIBROMIALGIA. CALIDAD DE VIDA Y MEJORA A TRAVÉS DEL EJERCICIO FÍSICO EN MUJERES

Autores: DANIEL COLLADO MATEO, SANTOS VILLAFAINA DOMÍNGUEZ, MIGUEL ÁNGEL PÉREZ SOUSA

Editorial: WANCEULEN EDITORIAL
Sello Editorial: WANCEULEN EDITORIAL DEPORTIVA

ISBN (Papel): 978-84-17964-17-7
ISBN (Ebook): 978-84-17964-18-4

DEPÓSITO LEGAL: SE 1108-2019

Impreso en España. 2019

WANCEULEN S.L.
C/ Cristo del Desamparo y Abandono, 56 - 41006 Sevilla
Dirección web: www.wanceuleneditorial.com y www.wanceulen.com
Email: info@wanceuleneditorial.com

Reservados todos los derechos. Queda prohibido reproducir, almacenar en sistemas de recuperación de la información y transmitir parte alguna de esta publicación, cualquiera que sea el medio empleado (electrónico, mecánico, fotocopia, impresión, grabación, etc.), sin el permiso de los titulares de los derechos de propiedad intelectual. Cualquier forma de reproducción, distribución, comunicación pública o transformación de esta obra solo puede ser realizada con la autorización de sus titulares, salvo excepción prevista por la ley. Diríjase a CEDRO (Centro Español de Derechos Reprográficos, www.cedro.org) si necesita fotocopiar o escanear algún fragmento de esta obra.

ÍNDICE

PRÓLOGO 7

INTRODUCCIÓN 9

OBJETIVOS 11

Capítulo 1. LA FIBROMIALGIA: CONOCIMIENTO ACTUAL Y
DESAFÍOS 13
*Daniel Collado Mateo, Santos Villafaina,
Juan Pedro Fuentes García y Miguel Ángel Pérez Sousa*

Capítulo 2. LA CALIDAD DE VIDA RELACIONADA CON LA SALUD
Y SU RELEVANCIA EN LA EVALUACIÓN DE MUJERES CON
FIBROMIALGIA 41
*Santos Villafaina, Miguel Ángel Pérez Sousa, Narcis Gusi y
José Carmelo Adsuar Sala*

Capítulo 3. INSTRUMENTOS GENERALES PARA LA EVALUACIÓN
DE LA CALIDAD DE VIDA RELACIONADA CON LA SALUD EN
MUJERES CON FIBROMIALGIA 49
*Daniel Collado Mateo, Miguel Ángel Pérez Sousa y
José Carmelo Adsuar*

Capítulo 4. COMPARACIÓN DE CUESTIONARIOS DE CALIDAD
DE VIDA RELACIONADA CON LA SALUD EN FIBROMIALGIA 79
*Miguel Ángel Pérez Sousa, Santos Villafaina y
Daniel Collado Mateo*

Capítulo 5. LA MEJORA DE LA CALIDAD DE VIDA RELACIONADA
CON LA SALUD EN PERSONAS CON FIBROMIALGIA 97
*Por Daniel Collado Mateo, Santos Villafaina y
José Carmelo Adsuar*

CONCLUSIONES 111

PRÓLOGO

En este libro se pretende proporcionar información actualizada sobre cómo evaluar y mejorar la calidad de vida relacionada con la salud en personas con fibromialgia. Esta tarea tiene especial relevancia y complejidad debido, en primer lugar, a la heterogeneidad y variedad de síntomas que presenta un síndrome como es la fibromialgia y, en segundo lugar, al amplio número de posibilidades que se nos ofrece para la evaluación de la calidad de vida relacionada con la salud.

En cuanto a la fibromialgia, decir que se trata de un síndrome cuyos síntomas varían mucho de unas personas a otras, presentando habitualmente como factor común el dolor crónico, pero pudiendo o no presentar síntomas asociados: rigidez, sentimientos depresivos, insomnio, obesidad, mala condición física, problemas cognitivos, colon irritable, etc. Por lo anterior, la generalización se constituye en hecho extremadamente problemático, de modo que cuando hablamos de las mujeres afectadas con fibromialgia nos estamos refiriendo a un grupo amplio y heterogéneo que, a pesar de haber sido diagnosticadas con un mismo síndrome, presentan características únicas en cuanto a la presencia e intensidad de diferentes síntomas.

Lo que se pretende conseguir a través de la evaluación de la calidad de vida relacionada con la salud es conocer cómo esos problemas de salud tan heterogéneos afectan a las diferentes dimensiones de la calidad de vida. Para lo anterior, contamos con diferentes opciones que se han plasmado a lo largo del libro, teniendo cada uno una serie de ventajas e inconvenientes que deberían conocerse por parte de todos aquellos profesionales que pretendan evaluar esta variable en mujeres con fibromialgia.

Por último, una vez revisadas las características y la evidencia más actual del concepto de fibromialgia y conocidos los cuestionarios generales y específicos más relevantes, cabe preguntarse qué podemos hacer para mejorar la calidad de vida relacionada con la salud de las mujeres con fibromialgia. Para ello, la última parte de este libro se enfoca en revisar las principales recomendaciones sobre actividad física en personas con fibromialgia, incluyendo las tendencias más actuales, caso de las formas creativas de danza o el ejercicio físico a través de plataformas de realidad virtual no inmersiva.

José Carmelo Adsuar Sala
Profesor de la Universidad de Extremadura

INTRODUCCIÓN

En este libro podemos encontrar varias partes bien diferenciadas entre sí. En primer lugar, en el apartado "objetivos" se pretende informar sobre los propósitos del trabajo, enumerando un total de seis objetivos centrados en la calidad de vida relacionada con la salud de mujeres con fibromialgia. A pesar de que, en general, el libro va enfocado a los profesionales que pueden trabajar en el ámbito de la fibromialgia, se ha redactado de forma que cualquier persona pueda comprender los aspectos más relevantes, intentando evitar en la medida de lo posible un lenguaje demasiado técnico.

El concepto de fibromialgia es abordado en el capítulo 1 titulado "La fibromialgia: conocimiento actual y desafíos". Se realiza un recorrido sobre la evolución de los métodos para el diagnóstico, de modo que el lector pueda entender por qué es una enfermedad que a menudo tarda varios años en diagnosticarse. Por último, se esbozan las nuevas tendencias en cuanto a las posibles causas que subyacen a este síndrome y se establece una diferenciación en base al sexo del paciente con fibromialgia.

Una vez definido el síndrome y realizado un recorrido por la literatura científica más importante en esta materia, en los siguientes capítulos 2, 3 y 4 se presenta la calidad de vida relacionada con la salud como una variable de especial interés en personas con fibromialgia. Así, se presentan un total de cuatro cuestionarios bien diferenciados, usándose datos de los propios autores de la presente obra, obtenidos a través del trabajo de campo, para comparar las puntuaciones de las mujeres con fibromialgia y ofrecer datos de referencia que pueden ser empleados para la práctica clínica y/o científica.

Por último, en el capítulo 5 se realiza un repaso por las principales terapias e intervenciones basadas en ejercicio físico que han mostrado ser eficaces a la hora de reducir los síntomas y mejorar la calidad de vida relacionada con la salud. Basándonos en los resultados de las publicaciones científicas más actuales, ofrecemos una serie de recomendaciones para la prescripción de ejercicio físico, incluyendo aspectos relacionados con la carga del entrenamiento (duración, volumen, intensidad...) y elementos de especial relevancia dadas las características de las mujeres con fibromialgia (supervisión de las sesiones, uso de nuevas tecnologías para incrementar la motivación...).

Cierra este libro con un breve resumen de las conclusiones que se pueden extraer fruto de la realización de este trabajo.

OBJETIVOS

A través del desarrollo de este libro se pretende aportar información de relevancia para todos aquellos agentes interesados en la evaluación de la calidad de vida relacionada con la salud en mujeres con fibromialgia.

Por lo anteriormente manifestado, durante las siguientes páginas el lector encontrará recopilada toda la información necesaria para llevar a cabo una evaluación y análisis de la calidad de vida relacionada con la salud en mujeres con fibromialgia, partiendo desde el punto más básico y conceptual, tanto en lo que respecta a la fibromialgia como a la calidad de vida y sus acepciones. El objetivo último es que este libro sirva por sí solo para que cualquier persona pueda llevar a cabo una evaluación con garantías de calidad, desde la elección del cuestionario más apropiado para sus intereses hasta la posterior aplicación e interpretación de los resultados obtenidos.

De manera específica, podemos enumerar los siguientes objetivos:

1) Mostrar el concepto más actual de calidad de vida relacionada con la salud, así como presentar la evolución del término desde sus inicios hasta la actualidad.

2) Ofrecer información básica sobre la fibromialgia, sus síntomas, la evolución de los criterios diagnósticos y el impacto de la enfermedad sobre la calidad de vida relacionada con la salud.

3) Presentar los cuestionarios de calidad de vida más utilizados en mujeres con fibromialgia, en base a los estudios científicos publicados en revistas de impacto.

4) Comparar los diferentes cuestionarios de calidad de vida, con el fin de que el lector pueda ser consciente de las ventajas y desventajas de cada uno de ellos y pueda así decidir razonadamente si usar uno u otro en función de sus propios intereses.

5) Mostrar los cuestionarios de evaluación del impacto de la fibromialgia y valorar su utilización.

6) Recopilar información sobre las diferentes terapias basadas en actividad física para la mejora de la condición física en personas con fibromialgia, presentando los resultados y las tendencias más actuales en lo que a ejercicio físico recomendado se refiere.

Capítulo 1

LA FIBROMIALGIA: CONOCIMIENTO ACTUAL Y DESAFÍOS

Por Daniel Collado Mateo, Santos Villafaina, Juan Pedro Fuentes García y Miguel Ángel Pérez Sousa

¿En qué consiste?

La fibromialgia es un síndrome caracterizado por dolor generalizado y persistente que no es producto de otros procesos de tipo degenerativo o inflamatorio. A pesar de que el dolor es el síntoma fundamental que está presente a priori en todas las mujeres que sufren fibromialgia, en muchas ocasiones no tiene por qué ser el problema principal reportado por el paciente. En este sentido, cabe destacar el amplio número de síntomas que se asocian a esta patología, los cuales pueden incluso llegar a tener una relevancia mayor en la percepción de salud y calidad de vida de la persona con fibromialgia que el propio dolor.

Con el fin de facilitar la exposición de los síntomas asociados a la fibromialgia, se van a presentar a continuación agrupados en varias categorías:

1. Síntomas psicológicos y sociales:

Se pueden destacar dentro de esta categoría numerosos problemas desde el punto de vista psicológico, destacando trastornos como la ansiedad, la depresión o el estrés (Cuevas-Toro et al., 2014; Ramiro Fde et al., 2014). En este sentido, es fundamental considerar que el diagnóstico de fibromialgia no implica padecer este tipo de trastornos y que tampoco es incompatible con ellos, por lo que deben ser diagnosticados de manera independiente. Estos problemas se retroalimentan con otros de índole social y también con la disminución de la autoestima (Gonzalez-Ramirez et al., 2011), siendo factores a tener en cuenta en el desarrollo de la enfermedad.

El hecho de tratarse de un síndrome crónico hace que esta categoría sea muy relevante, puesto que el afrontamiento de cualquier enfermedad de estas características supone un gran desafío para cualquier paciente. Por lo tanto, teniendo en cuenta todos estos problemas psicológicos, es muy relevante la intervención desde el punto de vista multidisciplinar, contando con el apoyo por parte de psicólogos dentro de un tratamiento global.

2. Síntomas cognitivos y sensoriales

Un meta-análisis (Bell et al., 2018), realizado por parte de un equipo de investigadores de Estados Unidos y Reino Unido evaluó los artículos publicados hasta la fecha en relación con los problemas cognitivos de las personas con fibromialgia. Para ello, dividieron el rendimiento cognitivo en varias categorías.

a) **La velocidad de procesamiento:** es entendida como la velocidad a la cual es ejecutada una tarea simple, o bien como el número de problemas completados de manera correcta en un tiempo establecido. Los resultados obtenidos indicaron que las personas con fibromialgia mostraron un rendimiento significativamente inferior al de mujeres sanas. El tamaño del efecto encontrado fue medio.

b) **La memoria:** Para el estudio de la memoria, los autores la dividen en dos constructos, por un lado, la memoria a corto plazo y, por otro lado, la memoria a largo plazo. La memoria a corto plazo se define como la habilidad para retener información durante un periodo muy breve de tiempo, incluyendo tareas de recuerdo y verbalización de estímulos auditivos o visuales. Por otra parte, la memoria a largo plazo consiste en recordar y recuperar la información tras un periodo prolongado de tiempo. En el caso de la memoria a corto plazo, se encontró un efecto moderado en personas con fibromialgia, de manera que aquellos participantes sin la enfermedad tuvieron una memoria significativamente mejor que las personas afectadas.

Con relación a la memoria a largo plazo, los resultados del meta-análisis mostraron una reducción significativa por parte de las personas afectadas por fibromialgia. Si anteriormente encontramos una reducción con un tamaño del efecto moderado, en este caso el empeoramiento de la memoria fue entre pequeño y moderado. Las razones por las cuales existe una mayor pérdida de memoria a corto plazo podrían estar relacionadas con las dificultades en atención y concentración de las personas con fibromialgia, si bien esta hipótesis, hasta donde alcanza nuestro conocimiento, no ha sido confirmada científicamente.

c) **El control inhibitorio** (ver Figura 1): es un tipo de función ejecutiva, que puede ser entendida como la capacidad para descartar las respuestas impulsivas o automáticas y generar otras respuestas que requieran de mecanismos superiores de razonamiento o atención. Esta variable está relacionada con la detención de reacciones automáticas que son inapropiadas en un determinado contexto o ante una situación concreta. Los resultados del meta-análisis en esta variable mostraron una reducción moderada-grande por parte de las personas con fibromialgia en las diferentes pruebas utilizadas para evaluar esta capacidad.

Figura 1. Ejemplo de instrumento utilizado para evaluar el control inhibitorio de la función ejecutiva. El Stroop test evalúa la capacidad de la persona para evitar la respuesta automática (leer las letras) para dar una respuesta adecuada requerida (leer el color de la tinta en la que está escrita la palabra).

d) **La alternancia:** es otra de las habilidades incluidas dentro de la función ejecutiva. Se entiende como la capacidad para cambiar de forma flexible entre tareas, normas u operaciones (sets) mentales. En otras palabras, daría una idea de la flexibilidad cognitiva. La reducción del rendimiento en esta tarea fue significativa y el tamaño del efecto fue pequeño.

e) Otra de las habilidades que se enmarcan, dentro de la función ejecutiva es **la actualización.** Esta capacidad está relacionada con la memoria, y establece la habilidad para añadir información relevante y descartar información no relevante de la memoria. Las personas con fibromialgia mostraron una reducción del rendimiento en estas tareas que fue clasificado como pequeño o moderado.

Además de los problemas cognitivos mencionados anteriormente, diversos estudios científicos muestran también algunos problemas de índole sensorial, como por ejemplo de visión, de audición, vértigos, mareos, etc. que pueden afectar al equilibrio y al riesgo de sufrir caídas (Watson et al., 2009).

Por último, cabe destacar que estos problemas cognitivos podrían estar interrelacionados, afectar y verse afectados por los problemas psicosociales mencionados en el punto anterior (Gelonch y Garolera, 2017).

Por tanto, a la hora de evaluar y de proponer intervenciones orientadas a personas con fibromialgia, debe tenerse en cuenta que este síndrome puede llevar asociados una serie de problemas cognitivos que podrían interferir y afectar a los resultados obtenidos tanto en la valoración mediante cuestionarios o pruebas físicas, como a la hora de plantear sesiones y métodos específicos de trabajo.

3. Problemas sexuales

Estudios previos realizados a nivel nacional e internacional muestran que la prevalencia de problemas sexuales es elevada en comparación con la población general (Collado-Mateo et al., 2018; Kalichman, 2009; Orellana et al., 2008; Prins et al., 2006). Concretamente, la prevalencia de problemas de tipo sexual en mujeres con fibromialgia oscila entre el 76% y el 87%, mientras que en población general no es superior al 25% (Collado-Mateo et al., 2018; Rico-Villademoros et al., 2012).

Estos problemas de índole sexual podrían estar estrechamente relacionados con los trastornos de ansiedad, estrés y/o depresión mencionados anteriormente (Aydin et al., 2006).

Además, sin lugar a dudas, la percepción de problemas relacionados con el sexo podría tener un efecto considerable sobre la calidad de vida (Nappi et al., 2016), así como sobre otras variables entre las que podríamos destacar la autoestima o la percepción de la propia imagen.

En definitiva, los problemas asociados a la actividad sexual son muy prevalentes en las personas con fibromialgia y podrían retroalimentar otros síntomas de índole psicológico o social.

4. Problemas físicos

A pesar de que la fibromialgia supone una serie de problemas a diferentes niveles, la dimensión de la función física es una de las más afectadas por esta enfermedad (Segura-Jimenez et al., 2015a).

La baja capacidad física se ha visto que está íntimamente relacionada con los niveles de dolor y la calidad de vida, así como con la sintomatología de ansiedad o depresión (Carbonell-Baeza et al., 2011; Latorre-Roman et al., 2014; Sener et al., 2013). Por tanto, en este punto encontramos otro aspecto que se retroalimenta con los problemas de índole psicológica como son la ansiedad o la depresión. En este sentido, las personas con fibromialgia podrían experimentar un círculo vicioso con los factores actividad física, ejercicio físico, depresión y dolor. Como puede apreciarse en la Figura 2 las personas que sufren dolor podrían renunciar a realizar actividad física, lo cual conlleva un deterioro de la condición física debido a la atrofia muscular que es consecuencia del sedentarismo y de la inactividad. Esto haría que aumentara el cansancio producido al realizar cualquier actividad, lo que técnicamente se conoce como una reducción de la capacidad para realizar esfuerzos submáximos. Llegados a un punto, el deterioro en la función física puede conllevar el abandono de actividades o incluso puede llevar a la reducción de la autoestima al percibir que aquellas tareas que anteriormente podía hacer sin dificultad, ahora necesita mucho esfuerzo o ayuda para realizarlo. Este es uno de los aspectos que, cuando se les entrevistan, más mencionan las personas afectadas por fibromialgia y uno de los elementos clave para entender esa nueva retroalimentación entre la capacidad física y la depresión. En definitiva, el abandono de actividades familiares o sociales y la incapacidad para llevar a cabo las tareas de la vida cotidiana producen a menudo en la persona afectada con fibromialgia un sentimiento de "no ser tan válida como antes" o de "ser más inútil que antes". Estos sentimientos refuerzan aún más el abandono de actividades y la inactividad física.

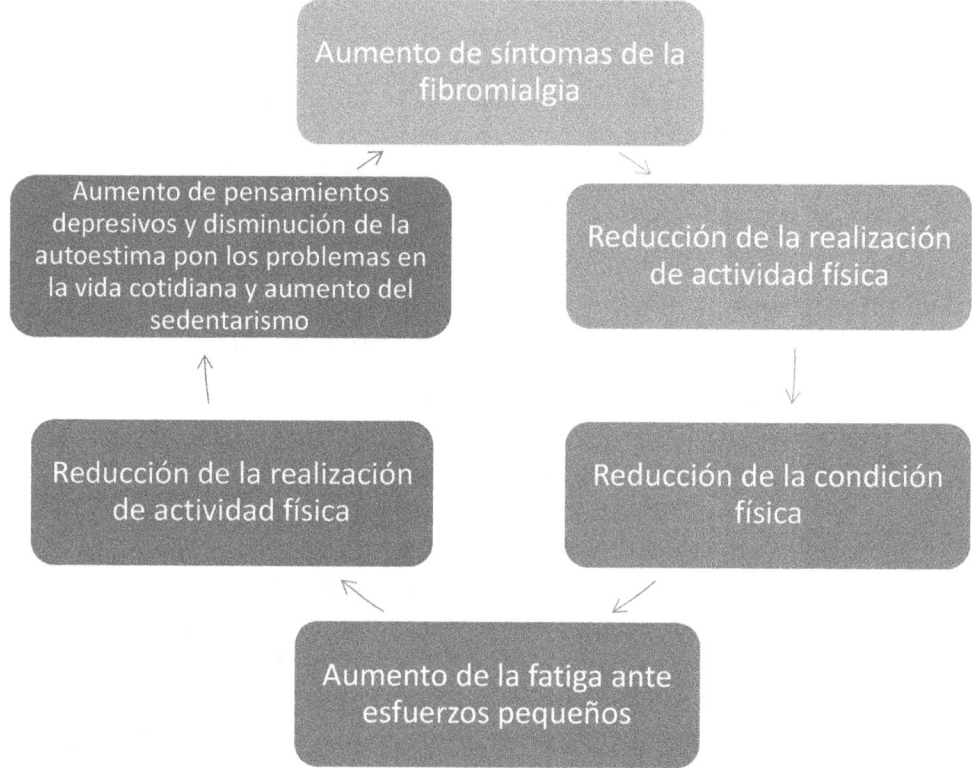

Figura 2. Retroalimentación de problemas asociados a la fibromialgia y la realización de actividad física.

Por lo tanto, como se mencionó anteriormente, es muy importante abordar el plano psicológico de la persona con fibromialgia. No es suficiente con plantear intervenciones basadas en repeticiones o siguiendo unas guías aceptadas globalmente, sino que, a la hora de aplicar esas recomendaciones, es necesario tener en cuenta las necesidades psicológicas de las personas con fibromialgia con el objetivo de que la adherencia al ejercicio físico sea grande.

La actividad física realizada en el tiempo de ocio, o más bien la inactividad física y el sedentarismo, son las responsables de los bajos niveles de condición física presentados por las personas con fibromialgia, teniendo unos niveles de sedentarismo superiores a los de la población general (McLoughlin et al., 2011; Segura-Jimenez et al., 2015b).

Sin embargo, es interesante destacar que no solo la condición física medida de manera objetiva mediante pruebas físicas está afectada en estas personas, sino que la percepción subjetiva de las personas con esta patología con respecto a su propia función física está aún más reducida (Estévez-López et al., 2018a). Lo anteriormente expuesto quiere decir que las personas con fibromialgia perciben su condición física peor de lo que en realidad está. Teniendo en cuenta que la condición física objetiva ya está reducida con respecto a la población general, el lector puede intuir hasta qué punto puede ser limitante que una persona perciba que su condición física es extremadamente pobre.

Además de los problemas ya comentados relacionados con la condición física propiamente dicha, en esta categoría también pueden mencionarse problemas de rigidez muscular y dolor al tacto (Salaffi et al., 2016). Por último, destacan los problemas de equilibrio, que se traducen en un mayor riesgo de sufrir caídas y en un mayor miedo a sufrirlas.

5. Fatiga

Las personas con fibromialgia presentan unos bajos niveles de energía y una acusada fatiga de causa desconocida (Friedberg, 2010; McKay et al., 2009; Salaffi et al., 2016). Esta característica común ha hecho que tradicionalmente se hayan diagnosticado como una única patología conjunta el síndrome de fibromialgia y el de fatiga crónica. Sin embargo, debe destacarse que se trata de dos síndromes diferentes y cuyo diagnóstico debe realizarse siguiendo los criterios establecidos para cada uno de ellos. Más adelante abordaremos los criterios diagnósticos existentes y aceptados actualmente para la fibromialgia. En términos generales, actualmente existe una tendencia a la baja en el diagnóstico del síndrome de fatiga crónica y un aumento en la prevalencia de la fibromialgia (Collin et al., 2017).

6. Problemas de sueño

Las personas con fibromialgia a menudo presentan problemas de sueño, que incluyen desde las dificultades a la hora de dormirse hasta la incapacidad para dormir varias horas seguidas. Esto conlleva un sueño no reparador que afecta a un amplio número de aspectos de la vida cotidiana, incluyendo la propia calidad de vida, la actividad sexual, la fatiga o incluso puede producir alteraciones hormonales y metabólicas (Andrade et al., 2018; Koca et al., 2016; Russell et al., 2018).

Del mismo modo que anteriormente manifestamos ocurría con la condición física, la percepción subjetiva de la propia calidad del sueño puede tener incluso una mayor incidencia en el impacto de la fibromialgia que las medidas objetivas de sueño (Yeung et al., 2017). Por lo tanto, debemos siempre tener en cuenta que será tan importante modificar los parámetros objetivos como hacerle ver a la persona con fibromialgia que esa mejora es real y que ésta lo perciba así.

¿Cómo se diagnostica la fibromialgia?

La gran mayoría de personas con fibromialgia manifiestan su disconformidad con el proceso seguido hasta llegar al diagnóstico de la enfermedad. Para un gran porcentaje de pacientes, el diagnóstico se realiza por descarte de otras patologías, tras innumerables visitas a centros de salud, urgencias, especialistas públicos y privados, etc. Así, lo anterior conlleva, entre otras cuestiones, un gran desembolso público por consumo de servicios de salud: un gran coste económico para el paciente que requiere especialistas privados como reumatólogos o fisioterapeutas; un coste importante de tiempo, incluyendo tiempos de espera, desplazamientos a otras ciudades de especialista en especialista, etc. Además de estos costes, la mayoría de personas coincide al indicar el coste mental que supone este proceso, ya que el paciente siente incomprensión e impotencia, yendo de resultado negativo en resultado negativo, hasta que finalmente un doctor le diagnostica fibromialgia.

La *American College of Rheumatology* (ACR) estableció en 1990 los criterios diagnósticos para la fibromialgia (Wolfe et al., 1990), los cuales se revisaron en el año 2010 con el fin de actualizar los criterios a los nuevos avances médicos y científicos, partiendo de los iniciales planteados 20 años antes y observando las principales limitaciones que fueron apareciendo con su uso en la práctica clínica y científica (Wolfe et al., 2010).

Los criterios diagnósticos establecidos en 1990 por la ACR estaban basados esencialmente en dos aspectos relacionados: el dolor generalizado de al menos tres meses de duración y la sensibilidad al tacto en los conocidos como "puntos gatillo".

Para la evaluación de la sensibilidad de los puntos gatillo, se utilizaba un instrumento conocido como algómetro (ver Figura 3), con el cual se aplica fuerza sobre unos puntos concretos. Estos puntos se repartían tanto en la parte izquierda como en la parte derecha del cuerpo, teniendo 9 en cada lado y 18 en total.

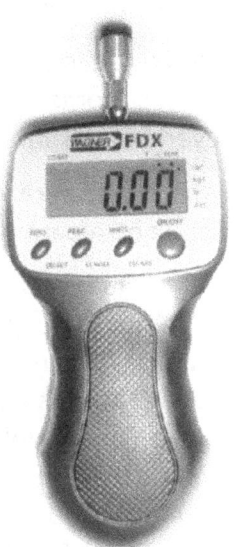

Figura 3. Imagen de un algómetro digital.

1. Occipital: Situado en la parte posterior de la cabeza, en la inserción de los músculos suboccipitales.

2. Cervical bajo: Es un punto situado en la cara anterior de los espacios inter-cervicales C5-C7.

3. Trapecio: Este punto se encuentra en el punto medio de la parte superior del músculo trapecio.

4. Supraespinoso: Es un punto situado sobre la escápula, cercano al punto gatillo "trapecio".

5. Segunda costilla: Este punto se encuentra en la unión osteocondril, a la altura de la segunda costilla.

6. Epicóndilo lateral: Para localizar este punto, podemos calcular dos centímetros bajo la parte frontal de los codos.

7. Glúteo: situado en la parte alta y externa del músculo, en el cuadrante superior de la nalga.

8. Trocánter mayor: Situado en la parte posterior del muslo, debajo y detrás de la inserción del fémur en la cadera.

9. Rodillas: en la bola adiposa antes de la articulación.

Tras 20 años de vigencia de los criterios diagnósticos de 1990, los nuevos criterios que se implantaron desde la ACR para el diagnóstico de la fibromialgia recogían tres condiciones que debían ser cumplidas:

1. Un índice de dolor generalizado (del inglés widespread pain index) superior o igual a 7 y una puntuación en la escala de severidad de los síntomas mayor o igual o bien una puntuación en el índice de dolor generalizado entre 3 y 6 y una puntuación en la escala de severidad de los síntomas superior o igual a 9.
2. Además de los criterios anteriores, se establece como criterio que estos síntomas deben estar presentes a niveles similares de severidad durante al menos 3 meses.
3. Por último, para el diagnóstico sería necesario que no existiera alguna otra patología que pudiera explicar el origen del dolor.

El dolor generalizado en estos nuevos criterios deja de entenderse como el número de puntos gatillo dolorosos de los 18 planteados anteriormente (recordemos que existían 9 puntos en la parte izquierda del cuerpo y 9 puntos en la parte derecha), sino que lo que se plantea es el cambio a "áreas dolorosas" (Wolfe et al., 2010). En este caso se identificaría a través de la evaluación del número de áreas en las cuales el paciente ha sufrido dolor en la última semana, siendo la puntuación máxima 19 áreas. Estas 19 áreas difieren de los 18 puntos gatillo que encontrábamos en los criterios de 1990.

Concretamente existen 5 zonas que no son bilaterales, las cuales son:

1. Cuello.
2. Pecho.
3. Abdomen.
4. Espalda alta (dorsales).
5. Espalda baja (lumbares).

Además de las zonas unilaterales, se definen un total de 14 zonas divididas bilaterales (7 en el lado izquierdo y 7 en el derecho). Estas últimas son:

1. Hombro-cintura escapular.
2. Parte superior del brazo.
3. Parte inferior del brazo.
4. Cadera-glúteo.
5. Parte superior de la pierna.
6. Parte inferior de la pierna.
7. Mandíbula.

En cuanto a la escala de severidad de los síntomas, se encuentra una primera parte en la que los síntomas "fatiga", "sueño no reparador" y "síntomas cognitivos" son evaluados de 0 (sin problema) a 3 (problemas severos). En esta parte la puntuación máxima es 9, que significaría problemas severos en los 3 síntomas mencionados. La segunda parte de la escala se centra en "otros síntomas" y en ella se plantea un amplio listado de éstos, de forma que el paciente debe responder simplemente si lo sufre o no. En caso de no sufrir ninguno de los síntomas esta escala se puntuaría con un cero. Si el paciente marca entre 1 y 10 síntomas se puntuaría 1, entre 11 y 24 se puntuaría 2 y más de 25 síntomas sería 3. Por tanto, la máxima puntuación de esta segunda parte sería 3, que sumado a la primera parte daría una puntuación que oscilaría entre 0 y 12.

En resumen, la escala de severidad de los síntomas incluiría una evaluación de 0 a 3 en los síntomas los síntomas relacionados con la fatiga, la calidad del sueño y los problemas cognitivos (de 0 a 9 en total) y otra puntuación de 0 a 3 en función del número de otros síntomas que se padezcan.

Una de las novedades de los criterios de 2010 es que pueden chequearse sin la necesidad de la evaluación física por parte del médico. En este sentido, en un estudio usando una modificación del 2011 se clasificaron correctamente al 93% de los pacientes, con una sensibilidad del 96,6% y una especificidad del 91,8% (Wolfe et al., 2011). El punto de corte para clasificar "con fibromialgia" fue una puntuación igual o mayor a 13. Esta puntuación sería la suma de la escala de 0 a 19 áreas dolorosas y la escala de severidad de los síntomas que recordemos que incluía puntuaciones desde 0 hasta 12. Por tanto, una puntuación mayor de 13 sobre 31 (suma de las puntuaciones de 0 a 19 en la escala de áreas dolorosas y la escala de 0 a 12 de severidad).

En el año 2016 los criterios para el diagnóstico de la fibromialgia fueron nuevamente revisados pasando a ser 4:

1. Dolor generalizado, en al menos 4 o 5 de las áreas dolorosas.
2. Síntomas presentes a niveles similares durante al menos 3 meses.
3. Índice de dolor generalizado mayor o igual que 7 y escala de severidad de los síntomas mayor que 5 o bien una puntuación en el índice de dolor generalizado entre 4 y 6, y una puntuación en la escala de severidad de los síntomas superior o igual a 9.
4. El diagnóstico es válido sin importar otros diagnósticos, es decir, que tener fibromialgia no es excluyente con padecer otras patologías.
5. Como puede apreciarse, esta última revisión se centró en eliminar el criterio sobre que no hubiera otra enfermedad que provocara el dolor, ya que, desde el punto de vista de diferentes profesionales de la salud e investigadores, estaba generando cierta confusión sobre la posibilidad de tener fibromialgia y a la vez otras patologías que causaran dolor (Wolfe et al., 2016). Sin embargo, este refinamiento conllevó algunos problemas, presentando un 3,9% de desacuerdo en comparación con los criterios previos (Ablin y Wolfe, 2017). Además, se encontró que algunos pacientes diagnosticados como positivos con los criterios anteriores no lo eran igualmente con los nuevos.

Como puede apreciarse en este breve recorrido por la evolución de los criterios diagnósticos, la definición de la fibromialgia ha sido habitualmente controvertida y no siempre ha conseguido unificar la opinión de todos los profesionales implicados. En este sentido, como se comentó anteriormente, desde sus orígenes ha existido cierto escepticismo respecto a la identidad de este síndrome como una enfermedad real e independiente. Tanto es así que en muchas ocasiones se ha diagnosticado esta enfermedad sin tener en cuenta los criterios para el diagnóstico (Walitt et al., 2016; Wolfe, 2017).

Los avances científicos y las numerosas investigaciones realizadas en personas con fibromialgia, han contribuido a aumentar el conocimiento sobre este síndrome, así como a otorgar una mayor visión social de la misma.

A pesar de que los criterios diagnósticos establecidos son universales y no hacen distinción de sexo o raza, la fibromialgia se ve afectada por factores culturales y también sociales (Wolfe, 2017) siendo en ocasiones estigmatizada en determinados contextos (Briones-Vozmediano et al., 2017).

Como se comentó anteriormente, las personas con fibromialgia a menudo acuden a numerosas consultas médicas antes de ser diagnosticadas, lo cual ha sido investigado y mostrado en estudios previos (Rief y Rojas, 2007; Wolfe, 2017), apareciendo frustración y sensación de incomprensión por parte del paciente, tal y como se establece en el estudio realizado por Russell et al. (2018).

Hasta cierto punto, la arbitrariedad y artificialidad del diagnóstico de la fibromialgia ha ocasionado que las dudas y el escepticismo en torno a la enfermedad se acrecienten (Wolfe, 2017). Con "arbitrariedad" nos estamos refiriendo a que, al no existir una prueba objetiva que determine la presencia o la ausencia de fibromialgia, los criterios diagnósticos son establecidos por parte de expertos en base a la percepción subjetiva de los sentimientos de los pacientes, estableciendo unos puntos de corte de dolor y una serie de síntomas asociados que, hasta cierto punto, se establecen de forma arbitraria, aunque basada en la evidencia clínica y científica. Es por ello que esta limitación debería incentivar a investigadores y profesionales a definir exactamente cuánto dolor, en cuántas zonas y con qué síntomas concretos debe diagnosticarse y, por supuesto, cuál es el origen o la causa que desencadena y subyace a este síndrome.

Uno de los hitos que podría marcar el devenir de la patología sería la objetivación del dolor percibido a través de técnicas como la electroencefalografía. A pesar de los numerosos avances realizados en los últimos años, actualmente el diagnóstico de la enfermedad mediante pruebas objetivas como la evaluación de la actividad eléctrica cortical es, hoy día, extremadamente complicado.

Para comprender el alcance de la arbitrariedad del diagnóstico y de la realidad del síndrome en el mundo, un amplio estudio realizado con una muestra representativa para más de 225 millones de estadounidenses mostró que aproximadamente el 1,78% de las personas habían sido diagnosticadas con fibromialgia (Walitt et al.,

2016). Sin embargo, al chequear el diagnóstico en base a los criterios establecidos, el 73,5% de esas personas no cumplía con ellos. En definitiva, se encontró que un 1,3% de la población total son falsos positivos, es decir, que más de 7 de cada 10 personas diagnosticadas con fibromialgia en Estados Unidos por un profesional sanitario realmente no sufría este síndrome (Wolfe y Walitt, 2016).

Si profundizamos aún más en los datos obtenidos en el estudio anterior, se encuentra otra muestra de la arbitrariedad y artificialidad del constructo de la fibromialgia, el cual fue presentado en el estudio realizado por uno de los padres de la fibromialgia, Wolfe (2017). Entre las personas erróneamente diagnosticadas con fibromialgia, más del 82% fueron de raza blanca y más del 92% fueron mujeres (Wolfe y Walitt, 2016). Estos datos ponen de manifiesto que en muchos casos se diagnostica fibromialgia según un perfil cultural, social, económico o racial, que poco tiene que ver con los criterios establecidos.

¿Cuál es la prevalencia de la fibromialgia?

Como se ha puesto de manifiesto en el apartado anterior, el diagnóstico de la fibromialgia es un tema complejo que en la mayoría de los casos va a depender de numerosos factores sociales, culturales o incluso raciales o sexuales. En España, un estudio (Mas et al., 2008) realizado en 2008 con 2192 personas mayores de 20 años reveló que más del 4% de las mujeres sufren fibromialgia, mientras que aproximadamente el 0,2% de los hombres cumplirían con los criterios diagnósticos (ver Figura 4). Sin embargo, este estudio fue realizado utilizando los criterios propuestos por la ACR en 1990 y no con alguna de sus revisiones posteriores, por lo que los resultados podrían variar.

Sin embargo, existen otros estudios que han tratado de esclarecer el número de diagnósticos que se han realizado y su correspondencia con los criterios diagnósticos planteados por la ACR. Las cifras son muy variadas, oscilando habitualmente entre el 1 y el 4% de la población general. Entre otros ejemplos, un artículo publicado por Branco et al. (2010) encontró que aproximadamente entre el 2,9 y el 4,7% de la población europea sufre fibromialgia. Estas cifras parecen ser inferiores en los Estados Unidos, donde son cercanas al 1,75% (Walitt et al., 2015). Dichos datos no dejan de ser curiosos, ya que dan a entender que en

Estados Unidos se están realizando menos diagnósticos a personas que sí cumplirían con los criterios, o bien el número de personas que cumplen los criterios en Estados Unidos podría ser inferior al existente en Europa. Si recordamos en el punto anterior, se mostró que casi 3 de cada 4 diagnósticos de fibromialgia realizados en Estados Unidos no están basados en los criterios diagnósticos, lo cual refleja un porcentaje de poca más del 0,4% de la población con un diagnóstico correcto de fibromialgia, extremo este que dista mucho de los porcentajes observados por Branco y colaboradores en 2010.

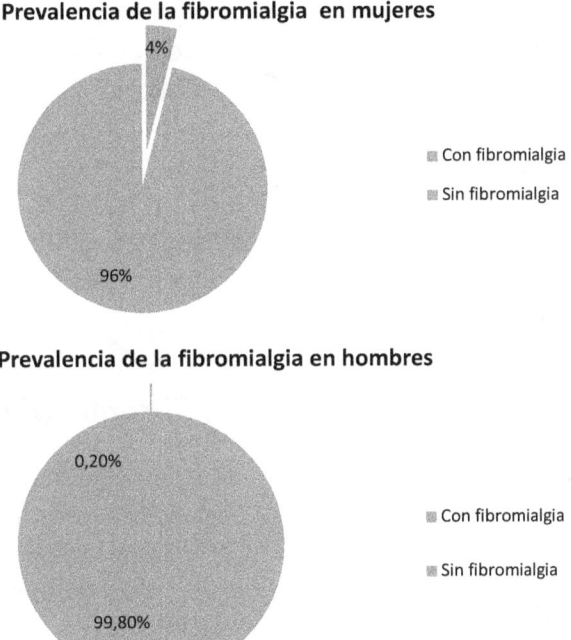

Figura 4. Prevalencia de la fibromialgia y comparación entre hombres y mujeres

Con el fin de que el lector pueda apreciar otras investigaciones realizadas al respecto, una revisión publicada en 2017 mostró que, de media, el 2,10% de la población mundial podría estar afectada por la fibromialgia. Estas cifras son ligeramente superiores cuando hablamos de la población europea (2,31%) y aún mayores si nos centramos en población española, encontrando una prevalencia del 2,40% (Cabo-Meseguer et al., 2017).

Deteniéndonos brevemente a reflexionar sobre las cifras anteriormente expuestas, podemos apreciar, sin ningún género de duda, que la fibromialgia no se constituye en una patología minoritaria, sino que, al contrario, afecta a un porcentaje significativamente mayor que, por ejemplo, el Síndrome de Down o la parálisis cerebral, que afectan a menos del 1% de la población.

Por tanto, observando estas cifras, el lector podrá darse cuenta del enorme impacto económico, social y laboral que tiene la fibromialgia.

De nuevo, recurriremos a publicaciones científicas para aportar evidencia sobre este tema. En Estados Unidos, a pesar de todos los problemas mencionados anteriormente con relación al diagnóstico de la fibromialgia, se estima que el coste sanitario anual asociado a este síndrome es cercano a los 10.000 dólares por persona (Chandran et al., 2012). Por otro lado, en España el coste estimado extra que la fibromialgia supone oscila los 5.000 euros por paciente y año según un estudio publicado en 2009 (Sicras-Mainar et al., 2009). En total, el coste económico en España se estima cercano a los 14.000 millones de euros cada año (Cabo-Meseguer et al., 2017).

¿Cuáles son las causas de la fibromialgia?

En este punto llegamos a la necesaria pregunta: ¿cuál es la causa de la fibromialgia? Probablemente, cualquier persona interesada en este síndrome habrá podido leer noticias con titulares tan llamativos como "descubierta la causa de la fibromialgia" o "científicos descubren la causa de la fibromialgia, esto te sorprenderá". En una época como la actual, internet se ha convertido en el refugio de innumerables personas ansiosas por engordar su lista de visitantes y de un "me gusta" en sus web y redes sociales. Esta es una de las razones por las que es muy fácil encontrar noticias falsas afirmando que se ha encontrado la causa real de la fibromialgia. Estas webs, que recogen información como esta, se basan en artículos publicados, habitualmente incluso con carácter científico, pero haciendo una interpretación errónea o parcial de los resultados obtenidos en los estudios. Gran parte de la culpa de que esto sea así puede ser de los propios científicos, que a menudo utilizamos un lenguaje con un código que la población general no conoce. Es por ello que un artículo científico podría por ejemplo afirmar que ha encontrado que las personas con fibromialgia pueden tener una anomalía en alguna de las características de sus vasos sanguíneos, y que un lector sin el adecuado conocimiento interprete que eso significa que la causa de la fibromialgia es esa anomalía. Sin embargo, esta afirmación implicaría una relación de causalidad, es decir, que la presencia de esa anomalía desencadenaría el síndrome, para lo cual haría falta un diseño de investigación apropiado y con un control de variables correcto. Por poner un ejemplo, recientes estudios muestran que las personas con fibromialgia presentan un patrón de actividad cerebral en reposo diferente al de las personas "sanas", lo cual no significa que esas alteraciones de la actividad cerebral provoquen la fibromialgia, sino que, tal vez, sea el propio síndrome el que produzca esos cambios en el cerebro, ya que este podría verse sometido a situaciones habituales de estrés, a dolores constantes, falta de sueño, inactividad física, etc.

La teoría más aceptada en la actualidad es que la fibromialgia es un síndrome de sensibilidad central (Desmeules et al., 2003; Fleming y Volcheck, 2015; van Wilgen y Keizer, 2012). En pocas palabras, esta teoría establecería que los estímulos sensitivos que llegan al cerebro podrían ser interpretados como dolorosos, a pesar de que su "intensidad" no sería suficiente para ser detectado como doloroso por una persona con fibromialgia. Dicho de otro modo, el umbral de dolor se vería reducido, de modo que un estímulo que a priori debería ser interpretado como "no doloroso", es interpretado como doloroso por parte del cerebro de la persona con fibromialgia. Parece perfectamente razonable pensar que un cerebro sometido a estrés, con poco descanso y recibiendo constantemente estímulos dolorosos, reaccionará aumentando su nivel de alerta, detectando cualquier mínimo estímulo como una posible amenaza y, en definitiva, reduciendo el umbral de dolor, aumentando los niveles de estrés, disminuyendo la calidad del sueño, aumentando la rigidez, etc. Por tanto, el proceso de sensibilización central podría dar como resultado el desarrollo de una enfermedad como la fibromialgia u otras con síntomas medicamente inexplicados (Fleming y Volcheck, 2015; Woolf, 2011).

Sin embargo, de nuevo se plantean necesarias preguntas: si la fibromialgia a nivel fisiológico se debe a una mayor sensibilización del sistema nervioso central ¿qué provoca esta alteración en último término?, ¿cuál es la causa principal?, ¿cuál es la causa primera que desencadena toda esta serie de cambios a nivel cerebral y provoca toda la amplia variedad de síntomas asociados a la fibromialgia?

Ante la falta de respuestas demostrables hasta el momento, se ha sugerido que la fibromialgia es un síndrome que aparece como consecuencia de una serie de elementos de tipo biológico y psicosocial, que predisponen a la aparición de la enfermedad y, por si esto fuera poco, la hacen crónica.

Dentro de los factores biológicos que podrían estar relacionados con la aparición de la fibromialgia, recientes estudios están indagando en busca de posibles aspectos genéticos que podrían estar relacionados con la presencia de este síndrome. Sin entrar en detalle en este tema, cabe destacar diversos estudios que han detectado la relevancia de ciertos genes como el rs841 (guanosíntrifosfato ciclohidrolasa1), el rs2097903 (Catecol-O-metiltransferasa) o el rs1799971 SNP (receptores opioides μ1) (Estévez-López et al., 2018b; Kim et al., 2013; Solak et al., 2014).

Además de los precitados factores biológicos, no son menos importantes los factores de origen psicológico y social. En este sentido, se ha observado que el estrés y los problemas a la hora de regularlo y controlarlo podrían ser un elemento fundamental a la hora de desarrollar la fibromialgia. A este respecto, se ha observado que el papel de estos elementos podría relacionarse con la precipitación de la enfermedad, es decir, que estos factores podrían hacer que las personas con predisposición biológica a sufrir fibromialgia terminen por desarrollarla y, además, los problemas asociados a la regulación del estrés tendrían un papel relevante a la hora de hacer que los síntomas se cronifiquen (Davis et al., 2014; Eller-Smith et al., 2018).

En base a toda la evidencia anteriormente comentada, puede apreciarse que los factores neuropsicológicos poseen gran relevancia a la hora de comprender los mecanismos que subyacen a este síndrome y al dolor crónico (Becker et al., 2012). Además de la importancia del estrés en la generación del dolor crónico, la fibromialgia trae consigo una serie de síntomas que contribuyen a aumentar el estrés, como por ejemplo la persistencia en el tiempo de los síntomas, que produce impotencia y desesperación en muchas ocasiones; la ausencia de datos médicos objetivos que expliquen los síntomas, que hace que las personas afectadas pasen varios años de su vida de consulta en consulta, entre reumatólogos, traumatólogos, psicólogos, fisioterapeutas, psiquiatras, etc.; la falta de un tratamiento eficaz más allá de meros analgésicos o antidepresivos, que hace que la satisfacción con las "soluciones" que los profesionales proponen sea extremadamente baja y que buena parte de los pacientes opten por abandonar tratamientos, automedicarse o incluso recurrir a drogas como la marihuana compradas de manera ilegal en algunos países; y también podemos destacar la percepción del paciente de que su entorno duda de sus síntomas, lo cual se ve potenciado por la ausencia de síntomas objetivos de la enfermedad (Di Tella et al., 2018; Lami et al., 2018; Sim y Madden, 2008; Taylor et al., 2016; Undeland y Malterud, 2007).

Por tanto, teniendo en cuenta todo lo anteriormente expuesto, cuando hablamos de las causas de la fibromialgia, son más las preguntas que las respuestas, de manera que cada nuevo avance lleva a nuevas preguntas. No obstante, los últimos avances en el campo de la genética y la neurología hacen pensar que estamos cada vez más cerca de esa necesaria "objetivación" de la fibromialgia, de una prueba que permita fácilmente discriminar si una persona padece o no este síndrome. Igualmente, estos avances nos acercan un poco más a conocer las causas primarias que desencadenan todo el elenco de síntomas relacionados con la fibromialgia, lo cual facilitará el desarrollo de nuevas formas de tratamiento más eficaces enfocados a combatir la enfermedad en su origen, en lugar de centrarse en reducir los síntomas como se hace actualmente.

Con esta visión positiva, podemos pensar que quizá la fibromialgia sea una enfermedad crónica solo hasta que se descubran completamente sus mecanismos y podamos actuar sobre las causas primarias que la desencadenan.

¿Afecta por igual a hombres y mujeres?

Como se comentó en el apartado de prevalencia, la fibromialgia afecta hasta 20 veces más a mujeres que a hombres (Mas et al., 2008). Sin embargo, más allá de estas diferencias en cuanto a la frecuencia del síndrome, es necesario destacar que existen otras diferencias en cuanto a la forma en la que hombres y mujeres son afectados por la enfermedad

(Castro-Sanchez et al., 2012; Lami et al., 2016). A modo de ejemplo, un estudio realizado en España pone de manifiesto que las mujeres con fibromialgia a menudo presentan mayores niveles de dolor que los hombres, mientras que los hombres, en comparación con las mujeres, muestran un mayor grado de incapacidad y una mayor reducción en la condición física respecto a sujetos sanos (Castro-Sanchez et al., 2012).

Las diferencias entre hombres y mujeres no solo afectan a la prevalencia y a los síntomas de la fibromialgia, sino que también, como se ha observado, a nivel de respuesta a los tratamientos (Lami et al., 2016). Algunos especialistas incluso pueden llegar a afirmar que la fibromialgia es un síndrome que afecta solo a mujeres, siendo una entidad diferente cuando afecta a hombres. Esta idea es a menudo reforzada por las características de buena parte de las investigaciones realizadas en la enfermedad. A modo ilustrativo, es habitual que los estudios realizados con personas con fibromialgia incluyan solamente a mujeres, lo cual es comprensible si se tiene en cuenta la dificultad para conseguir hombres con fibromialgia para participar en estudios científicos. Dada la relación 20:1 de prevalencia de la fibromialgia en mujeres, por ejemplo, un estudio que cuente con 100 mujeres, si siguiese esta proporción, apenas contaría con 5 hombres, por lo que, a menudo será difícil extraer conclusiones relevantes en este sexo.

No obstante, las diferencias de sexo en la fibromialgia deben ser estudiadas con más detenimiento, ya que existen investigaciones que ponen en duda que existan discrepancias tan marcadas entre hombres y mujeres (Segura-Jiménez et al., 2016). A pesar de que este último estudio no encontrara diferencias claras entre hombres y mujeres, sí recomendaba analizar de manera separada según sexo al realizar intervenciones en fibromialgia.

¿Qué otras enfermedades suelen sufrir las personas con fibromialgia?

La comorbilidad, es decir, la presencia de uno más trastornos además de la fibromialgia, es bastante común. En un estudio (Haviland et al., 2011) en el que se recogía la comorbilidad en pacientes hospitalizados desde 1999 a 2007 en los Estados Unidos, con una muestra de unas 63.772 personas con fibromialgia se encontró que las tres enfermades más comunes que sufrían estas personas hospitalizadas fueron: 1) hipertensión idiopática (aquella que surge sin causa específica identificable), 2) trastornos del metabolismo lipídico y 3) aterosclerosis coronaria (enfermedad en la que se deposita placa dentro de las arterias coronarias) y otras enfermedades del corazón (ver Figura 5).

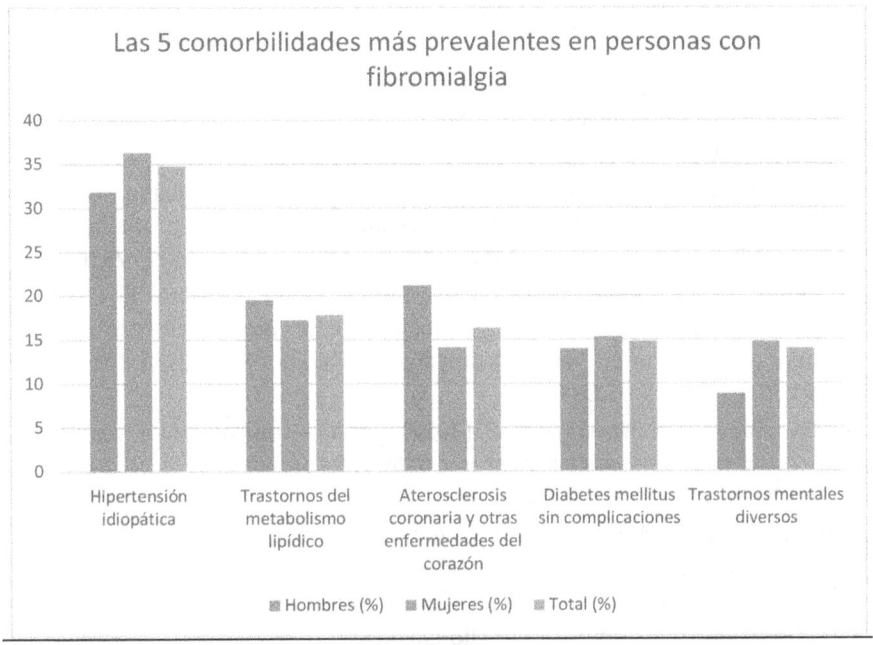

Figura 5. Prevalencia de las enfermedades que más sufren las personas con fibromialgia que han estado hospitalizadas. Figura elaborada a partir del estudio de Haviland et al 2011.

Sin embargo, si se estudia en función del sexo del paciente con fibromialgia, se encuentran que las tres enfermedades más comunes en mujeres son: 1) hipertensión idiopática, 2) trastornos del metabolismo lipídico y 3) Diabetes Mellitus sin complicaciones, como puede observarse la diabetes ha ocupado el tercer lugar sustituyendo a la aterosclerosis coronaria. En cuanto a los hombres con fibromialgia, las tres enfermedades concomitates mas frecuentes son: 1) hipertensión idiopática, 2) aterosclerosis coronaria y otras enfermedades del corazón y 3) trastornos del metabolismo lipídico.

Es de relevancia conocer qué otras patologias, además de la fibromialgia, son las más prevalentes en las personas con fibromialgia dado que esto nos permitirá tomar las adecuadas precauciones en diferentes ámbitos como puede ser el de las posibles interaciones entre los tratamientos farmacológicos, o la adecuación de la prescripción del ejercicio físico no solo a la fibromialgia sino también a las comorbilidades asociadas.

Referencias – Capítulo 1

Ablin, J. N., & Wolfe, F. (2017). A Comparative Evaluation of the 2011 and 2016 Criteria for Fibromyalgia. *J Rheumatol, 44*(8), 1271-1276. doi: 10.3899/jrheum.170095

Andrade, A., Vilarino, G. T., Sieczkowska, S. M., Coimbra, D. R., Bevilacqua, G. G., & Steffens, R. d. A. K. (2018). The relationship between sleep quality and fibromyalgia symptoms. *Journal of health psychology*, 1359105317751615.

Aydin, G., Basar, M. M., Keles, I., Ergun, G., Orkun, S., & Batislam, E. (2006). Relationship between sexual dysfunction and psychiatric status in premenopausal women with fibromyalgia. *Urology, 67*(1), 156-161. doi: 10.1016/j.urology.2005.08.007

Becker, S., Gandhi, W., & Schweinhardt, P. (2012). Cerebral interactions of pain and reward and their relevance for chronic pain. *Neurosci Lett, 520*(2), 182-187. doi: 10.1016/j.neulet.2012.03.013

Bell, T., Trost, Z., Buelow, M. T., Clay, O., Younger, J., Moore, D., & Crowe, M. (2018). Meta-analysis of cognitive performance in fibromyalgia. *J Clin Exp Neuropsychol*, 1-17. doi: 10.1080/13803395.2017.1422699

Branco, J. C., Bannwarth, B., Failde, I., Abello Carbonell, J., Blotman, F., Spaeth, M., . . . Matucci-Cerinic, M. (2010). Prevalence of fibromyalgia: a survey in five European countries. *Semin Arthritis Rheum, 39*(6), 448-453. doi: 10.1016/j.semarthrit.2008.12.003

Briones-Vozmediano, E., Ohman, A., Goicolea, I., & Vives-Cases, C. (2017). "The complaining women": health professionals' perceptions on patients with fibromyalgia in Spain. *Disabil Rehabil*, 1-7. doi: 10.1080/09638288.2017.1306759

Cabo-Meseguer, A., Cerda-Olmedo, G., & Trillo-Mata, J. L. (2017). Fibromyalgia: Prevalence, epidemiologic profiles and economic costs. *Med Clin (Barc), 149*(10), 441-448. doi: 10.1016/j.medcli.2017.06.008

Carbonell-Baeza, A., Aparicio, V. A., Sjostrom, M., Ruiz, J. R., & Delgado-Fernandez, M. (2011). Pain and functional capacity in female fibromyalgia patients. *Pain Med, 12*(11), 1667-1675. doi: 10.1111/j.1526-4637.2011.01239.x

Castro-Sanchez, A. M., Mataran-Penarrocha, G. A., Lopez-Rodriguez, M. M., Lara-Palomo, I. C., Arendt-Nielsen, L., & Fernandez-de-las-Penas, C. (2012). Gender differences in pain severity, disability, depression, and widespread pressure pain sensitivity in patients with fibromyalgia syndrome without comorbid conditions. *Pain Med, 13*(12), 1639-1647. doi: 10.1111/j.1526-4637.2012.01523.x

Collado-Mateo, D., Olivares, P. R., Adsuar, J. C., & Gusi, N. (2018). Impact of fibromyalgia on sexual function in women. *J Back Musculoskelet Rehabil*. doi: 10.3233/bmr-170970

Collin, S. M., Bakken, I. J., Nazareth, I., Crawley, E., & White, P. D. (2017). Trends in the incidence of chronic fatigue syndrome and fibromyalgia in the UK, 2001-2013: a Clinical Practice Research Datalink study. *J R Soc Med, 110*(6), 231-244. doi: 10.1177/0141076817702530

Cuevas-Toro, A. M., Lopez-Torrecillas, F., Diaz-Batanero, M. C., & Perez-Marfil, M. N. (2014). Neuropsychological function, anxiety, depression and pain impact in fibromyalgia patients. *Span J Psychol, 17*, E78. doi: 10.1017/sjp.2014.78

Chandran, A., Schaefer, C., Ryan, K., Baik, R., McNett, M., & Zlateva, G. (2012). The comparative economic burden of mild, moderate, and severe fibromyalgia: results from a retrospective chart review and cross-sectional survey of working-age US adults. *J Manag Care Pharm, 18*(6), 415-426.

Davis, M. C., Thummala, K., & Zautra, A. J. (2014). Stress-related clinical pain and mood in women with chronic pain: moderating effects of depression and positive mood induction. *Ann Behav Med, 48*(1), 61-70. doi: 10.1007/s12160-013-9583-6

Desmeules, J. A., Cedraschi, C., Rapiti, E., Baumgartner, E., Finckh, A., Cohen, P., . . . Vischer, T. L. (2003). Neurophysiologic evidence for a central sensitization in patients with fibromyalgia. *Arthritis Rheum, 48*(5), 1420-1429. doi: 10.1002/art.10893

Di Tella, M., Tesio, V., Ghiggia, A., Romeo, A., Colonna, F., Fusaro, E., . . . Castelli, L. (2018). Coping strategies and perceived social support in fibromyalgia syndrome: Relationship with alexithymia. *Scand J Psychol, 59*(2), 167-176. doi: 10.1111/sjop.12405

Eller-Smith, O. C., Nicol, A. L., & Christianson, J. A. (2018). Potential Mechanisms Underlying Centralized Pain and Emerging Therapeutic Interventions. *Front Cell Neurosci, 12*, 35. doi: 10.3389/fncel.2018.00035

Estévez-López, F., Álvarez-Gallardo, I. C., Segura-Jiménez, V., Soriano-Maldonado, A., Borges-Cosic, M., Pulido-Martos, M., . . . Geenen, R. (2018). The discordance between subjectively and objectively measured physical function in women with fibromyalgia: association with catastrophizing and self-efficacy cognitions. The al-Ándalus project. *Disabil Rehabil, 40*(3), 329-337. doi: 10.1080/09638288.2016.1258737

Estévez-López, F., Camiletti-Moirón, D., Aparicio, V. A., Segura-Jiménez, V., Álvarez-Gallardo, I. C., Soriano-Maldonado, A., . . . Delgado-Fernández, M. (2018). Identification of candidate genes associated with fibromyalgia susceptibility in southern Spanish women: the al-Ándalus project. *Journal of translational medicine, 16*(1), 43.

Fleming, K. C., & Volcheck, M. M. (2015). Central sensitization syndrome and the initial evaluation of a patient with fibromyalgia: a review. *Rambam Maimonides Med J, 6*(2), e0020. doi: 10.5041/rmmj.10204

Friedberg, F. (2010). Chronic fatigue syndrome, fibromyalgia, and related illnesses: a clinical model of assessment and intervention. *J Clin Psychol, 66*(6), 641-665. doi: 10.1002/jclp.20676

Gelonch, O., & Garolera, M. (2017). Cognitive complaints in women with fibromyalgia: Are they due to depression or to objective cognitive dysfunction?, *39*(10), 1013-1025. doi: 10.1080/13803395.2017.1301391

Gonzalez-Ramirez, M. T., Garcia-Campayo, J., & Landero-Hernandez, R. (2011). The role of stress transactional theory on the development of fibromyalgia: a structural equation model. *Actas Esp Psiquiatr, 39*(2), 81-87.

Haviland, M. G., Banta, J. E., & Przekop, P. (2011). Fibromyalgia: prevalence, course, and co-morbidities in hospitalized patients in the United States, 1999-2007. *Clin Exp Rheumatol, 29*(6 Suppl 69), S79-87.

Kalichman, L. (2009). Association between fibromyalgia and sexual dysfunction in women. *Clin Rheumatol, 28*(4), 365-369. doi: 10.1007/s10067-009-1093-3

Kim, S. K., Kim, S. H., Nah, S. S., Lee, J. H., Hong, S. J., Kim, H. S., . . . Lee, S. S. (2013). Association of guanosine triphosphate cyclohydrolase 1 gene polymorphisms with fibromyalgia syndrome in a Korean population. *J Rheumatol, 40*(3), 316-322. doi: 10.3899/jrheum.120929

Koca, T. T., Karaca Acet, G., Tanrikut, E., & Talu, B. (2016). Evaluation of sleep disorder and its effect on sexual dysfunction in patients with Fibromyalgia syndrome. *Turk J Obstet Gynecol, 13*(4), 167-171. doi: 10.4274/tjod.17047

Lami, M. J., Martinez, M. P., Miro, E., Sanchez, A. I., & Guzman, M. A. (2018). Catastrophizing, Acceptance, and Coping as Mediators Between Pain and Emotional Distress and Disability in Fibromyalgia. *J Clin Psychol Med Settings, 25*(1), 80-92. doi: 10.1007/s10880-018-9543-1

Lami, M. J., Martinez, M. P., Sanchez, A. I., Miro, E., Diener, F. N., Prados, G., & Guzman, M. A. (2016). Gender Differences in Patients with Fibromyalgia Undergoing Cognitive-Behavioral Therapy for Insomnia: Preliminary Data. *Pain Pract, 16*(2), E23-34. doi: 10.1111/papr.12411

Latorre-Roman, P., Santos-Campos, M., Heredia-Jimenez, J., Delgado-Fernandez, M., & Soto-Hermoso, V. (2014). Analysis of the performance of women with fibromyalgia in the six-minute walk test and its relation with health and quality of life. *J Sports Med Phys Fitness, 54*(4), 511-517.

Mas, A. J., Carmona, L., Valverde, M., Ribas, B., & Group, E. S. (2008). Prevalence and impact of fibromyalgia on function and quality of life in individuals from the general population: results from a nationwide study in Spain. *Clin Exp Rheumatol, 26*(4), 519-526.

McKay, P. G., Duffy, T., & Martin, C. R. (2009). Are chronic fatigue syndrome and fibromyalgia the same? Implications for the provision of appropriate mental health intervention. *J Psychiatr Ment Health Nurs, 16*(10), 884-894. doi: 10.1111/j.1365-2850.2009.01464.x

McLoughlin, M. J., Colbert, L. H., Stegner, A. J., & Cook, D. B. (2011). Are women with fibromyalgia less physically active than healthy women? *Med Sci Sports Exerc, 43*(5), 905-912. doi: 10.1249/MSS.0b013e3181fca1ea

Nappi, P. R., Cucinella, L., Martella, S., Rossi, M., Tiranini, L., & Martini, E. (2016). Female sexual dysfunction (FSD): Prevalence and impact on quality of life (QoL). *Maturitas, 94*, 87-91. doi: 10.1016/j.maturitas.2016.09.013

Orellana, C., Casado, E., Masip, M., Galisteo, C., Gratacós, J., & Larrosa, M. (2008). Sexual dysfunction in fibromyalgia patients. *Clinical & Experimental Rheumatology, 26*(4), 663.

Prins, M., Woertman, L., Kool, M., & Geenen, R. (2006). Sexual functioning of women with fibromyalgia. *Clin Exp Rheumatol, 24*(5), 555-561.

Ramiro Fde, S., Lombardi Junior, I., da Silva, R. C., Montesano, F. T., de Oliveira, N. R., Diniz, R. E., . . . Padovani Rda, C. (2014). Investigation of stress, anxiety and depression in women with fibromyalgia: a comparative study. *Rev Bras Reumatol, 54*(1), 27-32.

Rico-Villademoros, F., Calandre, E. P., Rodriguez-Lopez, C. M., Garcia-Carrillo, J., Ballesteros, J., Hidalgo-Tallon, J., & Garcia-Leiva, J. M. (2012). Sexual functioning in women and men with fibromyalgia. *J Sex Med, 9*(2), 542-549. doi: 10.1111/j.1743-6109.2011.02513.x

Rief, W., & Rojas, G. (2007). Stability of somatoform symptoms--implications for classification. *Psychosom Med, 69*(9), 864-869. doi: 10.1097/PSY.0b013e31815b006e

Russell, D., Gallardo, I. Á., Wilson, I., Hughes, C., Davison, G., Sañudo, B., & McVeigh, J. (2018). 'Exercise to me is a scary word': perceptions of fatigue, sleep dysfunction, and exercise in people with fibromyalgia syndrome—a focus group study. *Rheumatology international*, 1-9.

Salaffi, F., Mozzani, F., Draghessi, A., Atzeni, F., Catellani, R., Ciapetti, A., . . . Sarzi-Puttini, P. (2016). Identifying the symptom and functional domains in patients with fibromyalgia: results of a cross-sectional Internet-based survey in Italy. *J Pain Res, 9*, 279-286. doi: 10.2147/jpr.s100829

Segura-Jimenez, V., Alvarez-Gallardo, I. C., Carbonell-Baeza, A., Aparicio, V. A., Ortega, F. B., Casimiro, A. J., & Delgado-Fernandez, M. (2015). Fibromyalgia has a larger impact on physical health than on psychological health, yet both are markedly affected: The al-Andalus project. *Semin Arthritis Rheum, 44*(5), 563-570. doi: 10.1016/j.semarthrit.2014.09.010

Segura-Jimenez, V., Alvarez-Gallardo, I. C., Estevez-Lopez, F., Soriano-Maldonado, A., Delgado-Fernandez, M., Ortega, F. B., . . . Ruiz, J. R. (2015). Differences in sedentary time and physical activity between female patients with fibromyalgia and healthy controls: the al-Andalus project. *Arthritis Rheumatol, 67*(11), 3047-3057. doi: 10.1002/art.39252

Segura-Jiménez, V., Estévez-López, F., Soriano-Maldonado, A., Álvarez-Gallardo, I. C., Delgado-Fernández, M., Ruiz, J. R., & Aparicio, V. A. (2016). Gender Differences in Symptoms, Health-Related Quality of Life, Sleep Quality, Mental Health, Cognitive Performance, Pain-Cognition, and Positive Health in Spanish Fibromyalgia Individuals: The Al-Ándalus Project. *Pain Research & Management, 2016*, 5135176. doi: 10.1155/2016/5135176

Sener, U., Ucok, K., Ulasli, A. M., Genc, A., Karabacak, H., Coban, N. F., . . . Cevik, H. (2013). Evaluation of health-related physical fitness parameters and association analysis with depression, anxiety, and quality of life in patients with fibromyalgia. *Int J Rheum Dis*. doi: 10.1111/1756-185X.12237

Sicras-Mainar, A., Rejas, J., Navarro, R., Blanca, M., Morcillo, Á., Larios, R., . . . Villarroya, C. (2009). Treating patients with fibromyalgia in primary care settings under routine medical practice: a claim database cost and burden of illness study. *Arthritis Res Ther, 11*(2), R54.

Sim, J., & Madden, S. (2008). Illness experience in fibromyalgia syndrome: a metasynthesis of qualitative studies. *Soc Sci Med, 67*(1), 57-67. doi: 10.1016/j.socscimed.2008.03.003

Solak, O., Erdogan, M. O., Yildiz, H., Ulasli, A. M., Yaman, F., Terzi, E. S., . . . Solak, M. (2014). Assessment of opioid receptor mu1 gene A118G polymorphism and its association with pain intensity in patients with fibromyalgia. *Rheumatol Int, 34*(9), 1257-1261. doi: 10.1007/s00296-014-2995-1

Taylor, A. G., Adelstein, K. E., Fischer-White, T. G., Murugesan, M., & Anderson, J. G. (2016). Perspectives on Living With Fibromyalgia. *Glob Qual Nurs Res, 3*, 2333393616658141. doi: 10.1177/2333393616658141

Undeland, M., & Malterud, K. (2007). The fibromyalgia diagnosis: hardly helpful for the patients? A qualitative focus group study. *Scand J Prim Health Care, 25*(4), 250-255. doi: 10.1080/02813430701706568

van Wilgen, C. P., & Keizer, D. (2012). The sensitization model to explain how chronic pain exists without tissue damage. *Pain Manag Nurs, 13*(1), 60-65. doi: 10.1016/j.pmn.2010.03.001

Walitt, B., Katz, R. S., Bergman, M. J., & Wolfe, F. (2016). Three-Quarters of Persons in the US Population Reporting a Clinical Diagnosis of Fibromyalgia Do Not Satisfy Fibromyalgia Criteria: The 2012 National Health Interview Survey. *PLoS One, 11*(6), e0157235. doi: 10.1371/journal.pone.0157235

Walitt, B., Nahin, R. L., Katz, R. S., Bergman, M. J., & Wolfe, F. (2015). The Prevalence and Characteristics of Fibromyalgia in the 2012 National Health Interview Survey. *PLoS One, 10*(9), e0138024. doi: 10.1371/journal.pone.0138024

Watson, N. F., Buchwald, D., Goldberg, J., Noonan, C., & Ellenbogen, R. G. (2009). Neurologic signs and symptoms in fibromyalgia. *Arthritis Rheum, 60*(9), 2839-2844. doi: 10.1002/art.24772

Wolfe, F. (2017). Criteria for fibromyalgia? What is fibromyalgia? Limitations to current concepts of fibromyalgia and fibromyalgia criteria. *Clin Exp Rheumatol, 35 Suppl 105*(3), 3-5.

Wolfe, F., Clauw, D. J., Fitzcharles, M. A., Goldenberg, D. L., Hauser, W., Katz, R. L., . . . Walitt, B. (2016). 2016 Revisions to the 2010/2011 fibromyalgia diagnostic criteria. *Semin Arthritis Rheum, 46*(3), 319-329. doi: 10.1016/j.semarthrit.2016.08.012

Wolfe, F., Clauw, D. J., Fitzcharles, M. A., Goldenberg, D. L., Hauser, W., Katz, R. S., . . . Winfield, J. B. (2011). Fibromyalgia criteria and severity scales for clinical and epidemiological studies: a modification of the ACR Preliminary Diagnostic Criteria for Fibromyalgia. *J Rheumatol, 38*(6), 1113-1122. doi: 10.3899/jrheum.100594

Wolfe, F., Clauw, D. J., Fitzcharles, M. A., Goldenberg, D. L., Katz, R. S., Mease, P., . . . Yunus, M. B. (2010). The American College of Rheumatology preliminary diagnostic criteria for fibromyalgia and measurement of symptom severity. *Arthritis Care Res (Hoboken), 62*(5), 600-610. doi: 10.1002/acr.20140

Wolfe, F., Smythe, H. A., Yunus, M. B., Bennett, R. M., Bombardier, C., Goldenberg, D. L., . . . et al. (1990). The American College of Rheumatology 1990 Criteria for the Classification of Fibromyalgia. Report of the Multicenter Criteria Committee. *Arthritis Rheum, 33*(2), 160-172.

Wolfe, F., & Walitt, B. (2016). Fibromyalgia: A Short Commentary. *Journal of Headache & Pain Management, 1*(3), 1-4. doi: 10.4172/2472-1913.100027

Woolf, C. J. (2011). Central sensitization: implications for the diagnosis and treatment of pain. *Pain, 152*(3 Suppl), S2-15. doi: 10.1016/j.pain.2010.09.030

Yeung, W. K., Morgan, K., & McKenna, F. (2017). Comparison of sleep structure and psychometric profiles in patients with fibromyalgia, osteoarthritis and healthy controls. *J Sleep Res*. doi: 10.1111/jsr.12588

Capítulo 2

LA CALIDAD DE VIDA RELACIONADA CON LA SALUD Y SU RELEVANCIA EN LA EVALUACIÓN DE MUJERES CON FIBROMIALGIA

Por Santos Villafaina, Miguel Ángel Pérez Sousa, Narcis Gusi y José Carmelo Adsuar Sala

Establecer una definición universal para la calidad de vida no es una tarea simple, debido a que existen numerosos factores que la determinan, viéndose enormemente influenciada por aspectos culturales y sociales.

Históricamente, el concepto surge a mediados del siglo XX con un significado que no estaba implícitamente relacionado con la salud de la persona, sino que se centraba en las condiciones de vida de una persona y la satisfacción percibida en base a una serie de valores, aspiraciones y expectativas individuales.

En la década de los 70 se introdujo por primera vez el concepto de calidad de vida en el campo de la medicina y la salud (Kawecka-Jaszcz et al., 2012). Es a partir de esa fecha cuando este concepto experimenta un marcado crecimiento a través de numerosas publicaciones científicas enfocadas en la utilización de la calidad de vida relacionada con la salud como variable esencial a la hora de determinar la eficacia de un tratamiento o de caracterizar a una población específica.

El concepto de calidad de vida relacionada por la salud fue, por tanto, desarrollado para definir la calidad de vida de un individuo, partiendo del concepto tradicional que tiene en cuenta la satisfacción con las condiciones de vida en base a sus expectativas, valores y aspiraciones. resultante de su estado de salud (o más bien de la percepción de su estado de salud), su experiencia con posibles enfermedades y el proceso natural de envejecimiento.

El concepto de calidad de vida relacionada con la salud se vincularía con el concepto positivo de salud, entendiendo ésta como el bienestar y la satisfacción a nivel físico, psicológico y social; y también con el concepto más tradicional de la salud, que se definiría simplemente como la ausencia de enfermedad, entendiendo que una persona que no padece ninguna enfermedad sería una persona con una buena salud.

A la hora de comprender adecuadamente el concepto de calidad de vida relacionado con la salud, es necesario entender la relevancia del concepto positivo de la salud, es decir, que una persona puede no padecer ninguna enfermedad, pero su percepción de salud y de calidad de vida podría no ser la mejor si, por ejemplo, se encontrase en condiciones de exclusión social, con baja condición física, problemas de autoestima, etc.

En la Figura 1, elaborada en la tesis doctoral del doctor José Carmelo Adsuar Sala, puede apreciarse que el concepto de calidad de vida es muy amplio e incluye numerosas variables que han de entenderse dentro de la evolución histórica. Los indicadores tradicionales de salud serían la mortalidad, la esperanza de vida o la morbilidad. Es decir, que, utilizando este concepto tradicional, un tratamiento que consiguiera mejorar cualquiera de estos 3 factores sería muy eficaz, mientras que si no consiguiera aumentar la mortalidad, la esperanza de vida o la morbilidad, el tratamiento sería inefectivo.

Sin embargo, este concepto era muy limitado, ya que en general presentaba una escasa sensibilidad. Por poner un ejemplo, un analgésico no supondría ningún cambio en la salud, ya que no reduciría la mortalidad, no alargaría la esperanza de vida y tampoco reduciría la incidencia de ninguna enfermedad, ya que solamente paliaría los síntomas sin llegar a curar la enfermedad. Por lo tanto, podemos ver que desde esta perspectiva solo tienen cabida tratamientos que curen enfermedades o eviten la muerte, sin importar de qué modo lo consiguieran. Imaginemos, por ejemplo, aplicado a la fibromialgia, un tratamiento que eliminara el dolor y el resto de síntomas del síndrome pero que supusiera un drástico empeoramiento del estado de ánimo y de la satisfacción de la persona ¿tendría sentido?, ¿recomendarían su utilización a sus seres más queridos?

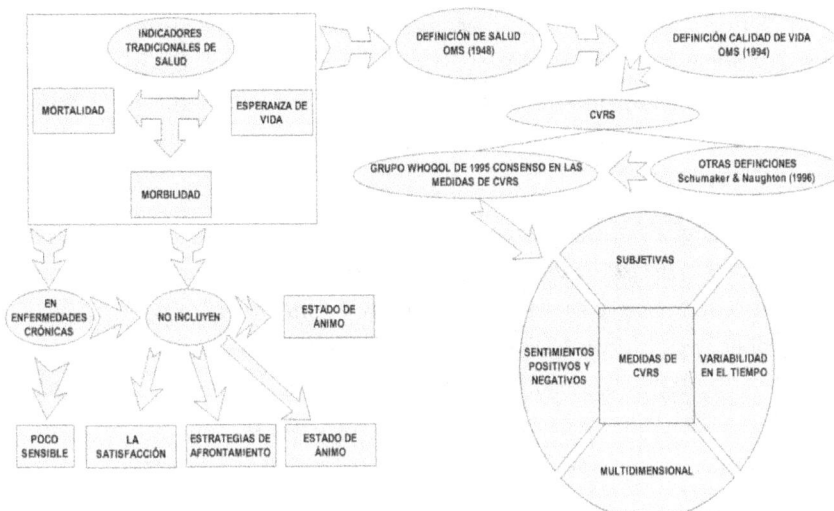

Figura 1. Esquema del concepto de calidad de vida relacionada con la salud (extraída de la tesis de José Carmelo Adsuar Sala)

En las nuevas sociedades occidentales, el aumento del número de personas con enfermedades crónicas, la tradicional acepción de salud se queda por tanto obsoleta (Schwartzmann, 2003). La nueva definición de salud, como se comentó anteriormente, consistía en el estado de bienestar completo a nivel físico, psíquico y social y fue establecida por la Organización Mundial de la Salud (OMS) en el año 1952. Ahora bien, esta nueva definición también trajo consigo una serie de problemas, ya que la evaluación de la salud desde el punto de vista tradicional era muy sencilla, pero con el prisma del nuevo concepto, eran necesarias nuevas herramientas para la evaluación de ese bienestar multicomponente. Es en este contexto cuando se hace necesaria la evaluación de la calidad de vida relacionada con la salud y cuando comienzan a surgir diferentes cuestionarios enfocados a la evaluación de la misma.

Patrick y Erickson (1993) establecen una de las primeras definiciones de calidad de vida relacionada con la salud, entendiendo esta como *"la medida en que se modifica el valor asignado a la duración de la vida en función de la percepción de limitaciones físicas, psicológicas, sociales y de disminución de oportunidades a causa de la enfermedad, sus secuelas, el tratamiento y/o las políticas de salud"*. En esta definición podemos apreciar cómo se incluyen variables del concepto tradicional como "duración de la vida", si bien se añaden conceptos novedosos como "la percepción de limitaciones físicas, psicológicas o sociales". Como aspecto novedoso, en esta definición ya se aprecia una necesidad de balance entre esperanza de vida y calidad de vida ¿merece la pena alargar unos años la vida a cambio de perder calidad de vida a cambio?

En 1994, la OMS definirá la calidad de vida como *"percepción del individuo de su posición en la vida en el contexto de la cultura y sistema de valores en los que vive y en relación con sus objetivos, expectativas, estándares y preocupaciones"*. Esta definición añadiría a la anterior la relevancia de los aspectos culturales, dado que no en todas las sociedades existen las mismas prioridades en materia de calidad de vida y salud.

En relación con los instrumentos para la evaluación de la calidad de vida, la propia Organización Mundial de la Salud consensua una serie de características que deberían cumplir todas las herramientas utilizadas para evaluar la calidad de vida relacionada con la salud. Concretamente estas medidas deberían:

1. Tener carácter subjetivo, basando los resultados en las experiencias y percepciones de la propia persona. Esta característica solo podría relativizarse en el caso de personas cuya capacidad cognitiva no permitiera la comunicación efectiva de sus percepciones. Si ocurriera esto, el cuestionario debería ser cumplimentado por una de las personas más cercanas con la que compartiera gran parte del tiempo (un familiar o un cuidador).

2. Incluir varias dimensiones, teniendo en cuenta la definición de la salud propuesta por la OMS que incluye aspectos físicos, psicológicos y sociales.

3. Recoger sentimientos positivos y negativos, es decir, que se recomienda que no solo se recoja una visión orientada a la enfermedad y a los problemas, sino que también evalúe aspectos positivos. No obstante, esta recomendación en muchas ocasiones dificulta la evaluación mediante cuestionario. En este sentido, es más sencillo responder a un cuestionario cuya estructura es

siempre similar en cada dimensión. Por ejemplo, es más fácil responder a un cuestionario que siempre pregunta por problemas con niveles de afectación de 0 a 5 siendo el 0 "ninguna dificultad" y el 5 "extrema dificultad", que un cuestionario en el que en las preguntas positivas (por ejemplo, felicidad) tenga una escala contraria a las preguntas negativas (por ejemplo, depresión). Un cuestionario que, por ejemplo, incluyera felicidad y depresión podría optar por invertir la escala o mantenerla, suponiendo en cualquiera de los casos una dificultad añadida que puede ser muy relevante en función del nivel cultural y de lecto-escritura de los participantes.

4. Recoger la posible variabilidad en el tiempo, entendiendo los cambios de cada momento vital o del momento específico en el que la persona se encuentra en base a su enfermedad.

¿Cuál es el propósito de la evaluación de la calidad de vida relacionada con la salud?

Si bien parece claro que el propósito fundamental de la calidad de vida relacionada con la salud es la de proporcionar información comprensiva, integral y más real del estado de salud percibido, se pueden analizar más en profundidad las posibles aplicaciones.

En este sentido, se pueden clasificar las aplicaciones en función del rol que se adopte dentro del proceso de evaluación.

En primer lugar, **desde el punto de vista del paciente, consumidor de servicios de salud**, la evaluación de la calidad de vida es importante fundamentalmente debido a 3 razones (Alcalá Escriche, 2003; Vergara Gómez, 2002):

1. *Aumentar el conocimiento científico existente sobre una patología, una condición o un colectivo.* Como se comentó en el apartado anterior, en el caso de la fibromialgia, la investigación realizada ha contribuido enormemente no solo al descubrimiento de tratamientos más eficaces, sino también a aumentar la visibilización social del síndrome. Por tanto, para el paciente, la aplicación de medidas de calidad de vida le repercutirá a través de

la génesis de nuevo conocimiento científico y de una mayor repercusión social.

2. *Valorar la eficacia de los tratamientos y de los servicios de salud consumidos.* Es fundamental conocer si los pacientes están recibiendo servicios de calidad, adecuados a su condición y, para este fin, las herramientas de valoración de la calidad de vida relacionada con la salud podrían ser muy relevantes.

3. *Identificar necesidades y aspectos claves en diferentes individuos o colectivos.* A través de la aplicación de instrumentos para la evaluación de la calidad de vida relacionada con la salud, es posible detectar inequidades y problemas de diversa índole que no eran considerados con el modelo antiguo de salud.

En segundo lugar, **desde el punto de vista del profesional sanitario, podemos destacar otras tres aplicaciones relevantes:**

1. *Optimizar la toma de decisiones en cuanto a las políticas sanitarias más apropiadas*, utilizando para ello datos objetivos de carácter científico provenientes de cuestionarios de evaluación de la calidad de vida. Dado que hoy día la eficacia de un tratamiento no solo depende de si alarga la vida de la persona o de si cura o no una enfermedad. En este sentido, cabe mencionar el ejemplo de los tratamientos existentes para la fibromialgia, los cuales ni curan la enfermedad ni alargan la vida de los pacientes. Todo lo anterior invita a recurrir a herramientas de calidad de vida a la hora de tomar decisiones político-sanitarias, siendo fundamentales las mismas.

2. *Mejorar la comunicación entre el profesional sanitario y el paciente.* Las herramientas para la evaluación de la calidad de vida suponen una forma de evaluación que es fácilmente comprensible por parte del paciente. Los cuestionarios de calidad de vida relacionada con la salud permiten a un profesional sanitario realizar una evaluación de una forma estructurada y basada en la evidencia científica, de modo que, por ejemplo, permitiría conocer en qué percentil de calidad de vida se encontraría una persona en base a unos datos normativos existentes en estudios previos.

3. *Facilitar el planteamiento de objetivos consensuados entre el profesional sanitario y el paciente.* En base a los datos del punto anterior, la evaluación de la calidad de vida relacionada con la salud permite establecer objetivos concretos y operativos teniendo en cuenta las propiedades psicométricas de los cuestionarios existentes.

En último lugar, **para los investigadores en el área de la salud**, la evaluación de la calidad de vida relacionada con la salud permitirá:

1. *Evaluar la eficacia de los estudios realizados.* Actualmente, se llevan a cabo numerosos estudios científicos que tienen como objetivo evaluar las mejoras que produce una determinada intervención sobre la calidad de vida de los participantes. Son los conocidos como ensayos controlados aleatorizados, en los cuales se evalúan los cambios producidos en un grupo que realiza una intervención con respecto a los cambios que se producen en un grupo control (que no recibe esa intervención). Gracias a que las medidas de calidad de vida habitualmente son sensibles a los cambios, podemos detectar si estas diferencias son relevantes y significativas. No obstante, deberemos tener en cuenta que la sensibilidad de los cuestionarios específicos para una población será superior a la sensibilidad de cuestionarios genéricos, no diseñados para una población concreta, sino para población general.

2. *Valorar la pertinencia y eficacia de las intervenciones quirúrgicas.* Mediante la evaluación de la calidad de vida relacionada con la salud, podemos evaluar hasta qué punto es conveniente realizar una intervención quirúrgica o no. En otras palabras, con estos cuestionarios podremos tener una valoración global de qué tipo de tratamiento es más eficaz y comparar con otras alternativas, como podría ser una cirugía.

3. *Desarrollar análisis coste-efectividad de tratamientos.* En línea con los dos puntos anteriores, los cuestionarios de calidad de vida no solo permitirán comparar dos tratamientos desde el punto de vista de los efectos que producen en el paciente, sino que también posibilitarán la toma de decisiones en base a los costes que llevarían asociados uno u otro tratamiento. Por poner un ejemplo

ilustrativo de carácter teórico, una mejora de 0,1 en la puntuación final (utilidad calculada según las preferencias sociales) de un cuestionario de calidad de vida relacionado con la salud, cuya escala está comprendida entre el 0, que equivaldría a la muerte, y el 1 que sería la plena salud, podría ser relevante si el coste asociado es de 1000 euros y, sin embargo, podría no ser coste-efectiva si el coste asociado es de 1 millón de euros. Si bien los cálculos reales de las investigaciones sobre coste-efectividad son más complejos, este ejemplo pone de manifiesto que, en la sociedad actual, los recursos que se pueden destinar a servicios médicos son limitados y que, en muchas ocasiones, se elegirá un tratamiento que ofrecerá peores resultados simplemente porque económicamente, el coste de esa mejora de calidad de vida es superior al límite establecido como voluntad/posibilidad para pagar.

En definitiva, el análisis de la calidad de vida relacionada con la salud proporciona información más completa e integral del estado de salud percibido por una persona, poseyendo numerosas aplicaciones para todos los agentes implicados en la oferta y demanda de servicios de salud.

Referencias – Capítulo 2

Alcalá Escriche, M. J. (2003). Elaboración y validación de un cuestionario reducido de la versión española del cuestionario de calidad de vida específico para la enfermedad inflamatoria intestinal: Universitat Autònoma de Barcelona.

Kawecka-Jaszcz, K., Klocek, M., Tobiasz-Adamczyk, B., & Bulpitt, C. J. (2012). Health-related quality of life in cardiovascular patients: Springer.

Patrick, D. L., & Erickson, P. (1993). Health status and health policy: quality of life in health care evaluation and resource allocation.

Schwartzmann, L. (2003). Calidad de vida relacionada con la salud: aspectos conceptuales. Ciencia y enfermería, 9(2), 09-21.

Vergara Gómez, M. (2002). Elaboración y validación de un cuestionario de calidad de vida para los familiares que viven con pacientes con enfermedad inflamatoria intestinal: Universitat Autònoma de Barcelona.

Capítulo 3

INSTRUMENTOS GENERALES PARA LA EVALUACIÓN DE LA CALIDAD DE VIDA RELACIONADA CON LA SALUD EN MUJERES CON FIBROMIALGIA

Por Daniel Collado Mateo, Miguel Ángel Pérez Sousa y José Carmelo Adsuar

En este apartado pasaremos a presentar los cuestionarios más utilizados para la evaluación de la calidad de vida relacionada con la salud en personas con fibromialgia, prestando especial atención a los estudios enfocados exclusivamente en mujeres.

En primer lugar, cabe diferenciar y puntualizar a qué nos referimos cuando hablamos de instrumentos "generales". A diferencia de otros cuestionarios, los generales son los que se diseñan para toda la población y que pueden utilizarse, también, en diferentes poblaciones especiales, si bien para ello es recomendable que se haga, si no existe, una evaluación de las propiedades psicométricas de los mismos. Esto es debido a que un cuestionario habitualmente presenta propiedades de fiabilidad o comprensibilidad diferentes en función de la población a la que se lo administremos.

Con el fin de ilustrar la idea del párrafo anterior, imaginemos que tenemos un cuestionario de calidad de vida relacionada con la salud con una dimensión que es el dolor y se pide que se evalúe el nivel de éste que ha presentado en la última semana. Si aplicamos este cuestionario a población general o por ejemplo a estudiantes universitarios, lo más probable es que encontremos que un porcentaje altísimo marcará la respuesta "no he tenido dolor", mientras que, si lo aplicamos a personas con fibromialgia, las respuestas se agruparán en mayor proporción en la respuesta "he tenido mucho dolor". Desde el punto de vista psicométrico, es muy posible que en población general este tipo de cuestionarios presenten un "efecto techo" muy relevante, ya que como se decía anteriormente la gran mayoría de los valores se agruparían en el nivel de respuesta más alto ("no he tenido dolor"), mientras que en personas afectadas por un síndrome como la fibromialgia, existiría por el contrario un "efecto suelo", ya que la mayoría de los valores se agruparían en el nivel de respuesta más bajo ("he tenido mucho dolor"). Así pues, el efecto techo se produciría cuando una mayoría de personas puntúan en valores máximos de un test, de modo que el cuestionario no sería sensible a la hora de diferenciar entre todas esas personas que contestan de la misma manera pero que probablemente no tienen exactamente la misma calidad de vida. Lo anterior es habitual cuando se pasa un cuestionario de calidad de vida relacionada con la salud a personas jóvenes y sanas, que con frecuencia responden que no tienen ningún tipo de problema en ninguna de las dimensiones, especialmente en cuestionarios con un pequeño número de ítems genéricos. Obviamente, no todas las personas obteniendo una puntuación perfecta en un cuestionario de calidad de vida tienen una calidad de vida inmejorable e idéntica, sino que están siendo evaluados con un instrumento no del todo adecuado. Por otro lado, el efecto suelo sería el efecto contrario, reflejando la incapacidad de un test para diferenciar entre las personas que contestan los valores mínimos de un cuestionario. Ya sea por efecto suelo o por efecto techo, en ocasiones los cuestionarios no consiguen distinguir correctamente a las personas situadas en los extremos.

Por lo tanto, los cuestionarios generales tendrían como ventaja la posibilidad de comparar los valores de calidad de vida relacionada con la salud entre patologías, mientras que, como desventaja, tendrían la incapacidad para evaluar aspectos relevantes específicos de una patología o condición concreta. Por el contrario, los cuestionarios específicos tendrían como ventaja la evaluación de las dimensiones relevantes de la patología a la que van dirigidos, pero tendrían el inconveniente de no permitir la comparación entre patologías.

A la hora de elegir el cuestionario más apropiado para una población, es necesario considerar un importante número de variables, como podrían ser:

1. El tiempo disponible para la evaluación. Esto determinará si utilizamos un cuestionario más largo o más corto. Existen opciones que van desde apenas 2 o 3 minutos, hasta cuestionarios que pueden demorarse unos 15-25 minutos en función de la capacidad de la persona para comprender la lectura.

2. El modo de administración. Podemos diferenciar en función del modo de respuesta de los cuestionarios. A menudo, los cuestionarios de calidad de vida relacionada con la salud son diseñados para ser auto-administrados. Es decir, que la persona de forma autónoma cumplimenta el cuestionario por sí misma sin ayuda de un profesional. Esto es posible gracias a que, normalmente, el diseño original y las traducciones a las diferentes lenguas, atraviesa un proceso de evaluación a nivel de comprensibilidad, en el cual se analiza con detenimiento hasta qué punto las personas del colectivo al que va dirigido comprenden lo que se les está preguntando. Sin embargo, la experiencia indica que los resultados más seguros son los que se obtienen a través de entrevista, en las que un profesional pregunta al participante y le ofrece las opciones. Este método impide que la persona responda de forma automática al cuestionario, que malinterprete el modo de respuesta o que utilice patrones aleatorios. En este sentido, cuando se analizan resultados de cuestionarios auto-administrados, es muy importante prestar atención a indicios que podrían hacernos ver que la persona podría no haber entendido bien la pregunta o podría no haber respondido adecuadamente, como podrían ser los siguientes:

a) Coherencia con otros cuestionarios. Habitualmente en investigación se utilizan varios cuestionarios evaluando aspectos similares. Si por ejemplo hemos pasado dos cuestionarios de calidad de vida, cotejar que se ha respondido de manera similar en ambos puede ser una buena práctica. Por ejemplo, si observamos que en un cuestionario una persona ha respondido que tiene un dolor insoportable y en el otro cuestionario ha puntuado su dolor de 0 a 10 con un 4, podemos pensar que los datos no son válidos.

b) Identificación de patrones. Algunos cuestionarios presentan preguntas inversas. Es decir, que encontramos ítems en los que la respuesta máxima significa la mejor situación y, por el contrario, otros ítems en los que la respuesta máxima significa la peor situación posible. Por ejemplo, imaginemos un cuestionario en el que se pregunta por los niveles de malestar del 0 al 7, siendo 0 "ningún malestar" y 7 "máximo malestar", y en el siguiente ítem nos preguntan "¿cuántos días de la última semana se sintió completamente bien"? Si en ambos casos observamos que la respuesta es igual a 0 o es 7, podemos estar seguros de que la persona ha respondido sin ni siquiera leer la pregunta o bien, no ha entendido el cambio en el sentido de las respuestas.

c) Identificación de respuestas automáticas. Cuando se pide a unos participantes que cumplimenten cuestionarios, no es extraño también encontrar un problema relacionado con respuestas aleatorias. Es por ello, que, si en un cuestionario encontramos casi todas las respuestas en un valor concreto, puede hacernos dudar de la veracidad de los datos. No obstante, debemos aplicar la razón para interpretar estos datos como no válidos, ya que por ejemplo una persona sana podría responder a todos los ítems con un "ningún problema" y probablemente habrá leído todas las preguntas. Sin embargo, si por ejemplo en un cuestionario que nos pide valorar de 0 a 10 diferentes problemas relacionados con una patología como podría ser la fibromialgia, será sospechoso encontrar puntuaciones iguales en todos los ítems.

Otro de los problemas que puede encontrarse cuando la persona auto-completa su propio cuestionario es que deje sin responder alguna pregunta.

Por todas las anteriores razones expuestas, lo más recomendable es que un técnico se ocupe de entrevistar a la persona, de modo que, con calma, pero sin divagar, la persona complete con garantías el cuestionario.

Aplicación de los cuestionarios de calidad de vida relacionada con la salud a la economía de la salud

Una de las razones más importantes para el uso de cuestionarios de calidad de vida relacionada con la salud se constituye en el análisis coste-efectividad de los diferentes tratamientos.

Habitualmente, los costes de las intervenciones se medirán en unidades monetarias, mientras que la efectividad será evaluada a través de unas unidades conocidas como "años de vida ajustados por calidad de vida" o AVAC, siendo esta medida una combinación de esperanza de vida y calidad de vida relacionada con la salud.

Los cuestionarios de calidad de vida relacionada con la salud pueden utilizarse para la evaluación del coste-efectividad de diferentes tratamientos. Sin embargo, no todos son válidos para este fin. Los requisitos para que un instrumento pueda ser utilizado para llevar a cabo análisis coste-efectividad o coste-utilidad (tipo de análisis coste-efectividad realizado a partir de los datos obtenidos en las utilidades de los cuestionarios, las cuales se establecen en base a preferencias de la población) son los siguientes:

1. Poseer características adecuadas de validez, fiabilidad y sensibilidad al cambio (Testa y Simonson, 1996).

2. Poder obtener utilidades a partir de los resultados del cuestionario. Estas utilidades se calculan en base a las preferencias sociales con relación a los estados de salud. Este proceso de confección de utilidades requiere, en primer lugar, disponer de una muestra representativa de la población a la que iría dirigido. Esto es importante ya que las preferencias sociales en cuanto a los estados se salud variarán de un país a otro y de unas culturas a otras. A continuación, habría que asignar un valor numérico a cada estado de salud posible, lo cual puede realizarse mediante la comparación de los mismos. Por ejemplo, se le podría plantear a los sujetos diferentes escenarios teóricos de salud y que la persona tenga que decidir cuál preferiría. Existen numerosas técnicas para la obtención de estas utilidades, cada una de ellas con sus ventajas e inconvenientes.

Habitualmente, las utilidades de los cuestionarios oscilan en rangos comprendidos entre el 0 y el 1, representando el 1 el mejor de los estados de salud posible y el 0 reflejando un estado de salud comparable a la muerte. Sin embargo, algunos cuestionarios incluyen valores negativos para las utilidades, lo cual significaría, desde el punto de vista teórico, que esa persona tendría un estado de salud peor que la muerte.

Para el análisis coste-efectividad, habitualmente la medida más utilizada es el conocido por sus siglas en inglés como ICUR o ICER

(Incremental Cost Utility Ratio o Incremental Cost Effectiveness Ratio), respectivamente. Este análisis tendría en cuenta el incremento de los costes que supone una intervención, los cuales van más allá de los simples costes directos que supone por ejemplo una medicación, incluyendo también costes relacionados con otras medicaciones, consumo de servicios de salud, consumo de especialistas, bajas laborales, etc. Algunos estudios incluso encuentran que mediante terapias, como por ejemplo intervenciones psicológicas, se podría conseguir ahorrar costes mediante la reducción del gasto sanitario y además conseguir unos mayores beneficios que con medicación (Luciano et al., 2014; Luciano et al., 2017). Para el cálculo del ICUR, estos costes se dividirían por el incremento en la puntuación de la utilidad, teniendo en cuenta si existen cambios en la esperanza de vida o no. En el caso de la fibromialgia, en principio la esperanza de vida no será modificada con el tratamiento, por lo que habitualmente no se tiene en cuenta.

A continuación, expondremos los cuestionarios más utilizados y trataremos de ofrecer una visión lo más libre posible de sesgo de cada uno de ellos.

EUROQoL-5D

La primera versión de este cuestionario fue desarrollada por el grupo EuroQol en 1990, constando fundamentalmente de 2 partes (Badia et al., 1999; Brooks, 1996; Group, 1990): una parte denominada sistema descriptivo y otra parte conformada por una escala visual analógica del estado de salud.

La primera parte del cuestionario, el sistema descriptivo, está compuesta por 5 dimensiones, las cuales pueden apreciarse en la Figura 1:

Movilidad
Autocuidado
Actividades cotidianas
Dolor / Malestar
Ansiedad / Depresión
Dimensiones del cuestionario EQ-5D

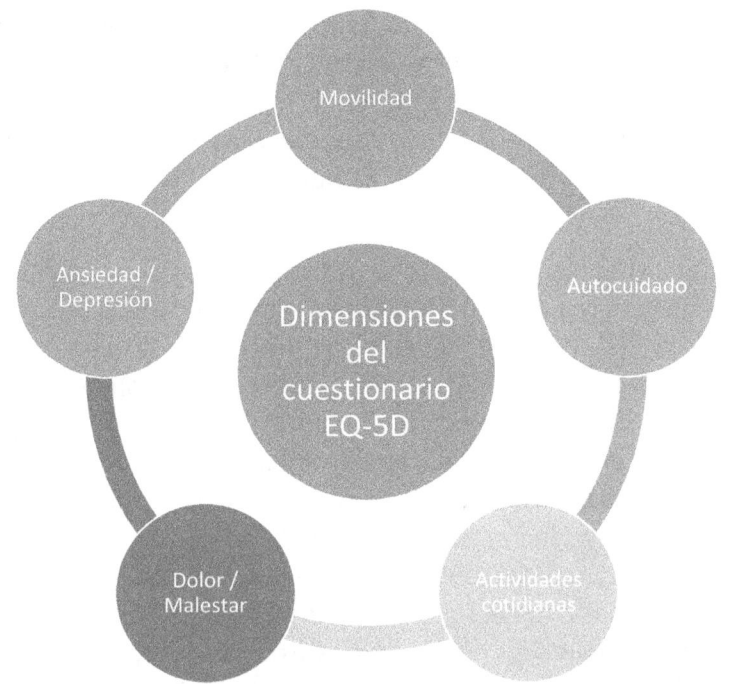

Figura 1. Dimensiones del cuestionario EQ-5D

Cada dimensión es evaluada en la primera versión en niveles de 1 a 3, presentando mayor calidad de vida cuanto menor sea la respuesta marcada en cada pregunta. Los diferentes niveles y su correspondencia pueden apreciarse en la Figura 2:

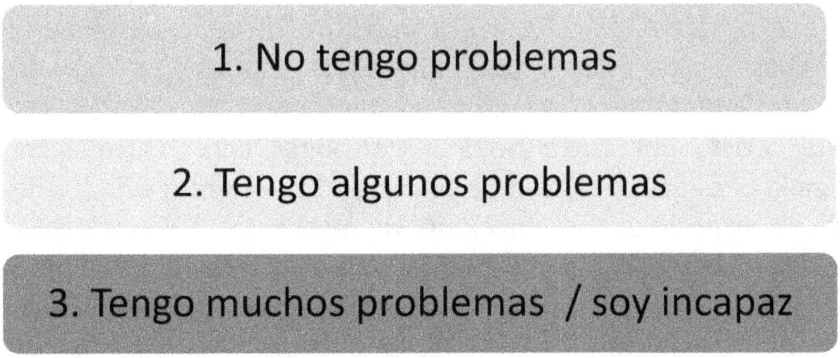

1. No tengo problemas
2. Tengo algunos problemas
3. Tengo muchos problemas / soy incapaz

Figura 2. Niveles de respuesta en el cuestionario EQ-5D-3L

La segunda parte, compuesta por la escala visual analógica, consiste en una escala milimetrada vertical en la cual el paciente debe marcar su estado de salud en el día en el que se está realizando la evaluación. La escala iría de 0 a 100, representando el peor estado de salud imaginable y el mejor estado de salud imaginable respectivamente.

Dado que tenemos 5 dimensiones y cada dimensión se puntúa de 1 a 3, a partir de este cuestionario se generan estados de salud como por ejemplo 11231 o 12113. Cada cifra representaría una de las dimensiones del cuestionario por lo que, en el primer ejemplo, la persona no tendría ningún problema en movilidad, autocuidado y ansiedad / depresión, mientras que presentaría algunos problemas para realizar las actividades cotidianas y tendría mucho dolor o malestar. Por otro lado, en el segundo ejemplo, la persona no tendría problemas para caminar (movilidad), ni para realizar sus actividades de la vida cotidiana y tampoco tendría dolor o malestar, pero tendría algunos problemas para lavarse o vestirse (cuidado personal o autocuidado) y estaría muy ansioso o deprimido.

Estaríamos por tanto ante un total de 243 combinaciones de estados de salud posibles, resultante del cálculo de 3 elevado a 5. Sin embargo, se han encontrado ciertos problemas en este cuestionario, precisamente debido al limitado número de respuestas. Se observó, entre otras cosas, un elevado efecto techo (muchas personas respondiendo ausencia de problemas en las diferentes dimensiones) y una baja sensibilidad al cambio.

Ante esta problemática, desde el grupo EuroQol se desarrolló una versión del cuestionario que recogía 5 niveles de respuesta en lugar de 3, el EQ-5D-5L (Herdman et al., 2011; van Hout et al., 2012). Este cuestionario consta por tanto de 5 dimensiones con 5 niveles de respuesta cada uno, dando lugar a un total de 3125 posibles estados de salud (fruto de las posibles combinaciones de respuestas, 5 elevado a 5). Las 5 dimensiones son las mismas que en el cuestionario de 3 niveles que puede verse en la Figura 1: movilidad, cuidado personal, actividades cotidianas, dolor/malestar y ansiedad/depresión. Los niveles de respuesta pueden verse en la Figura 3.

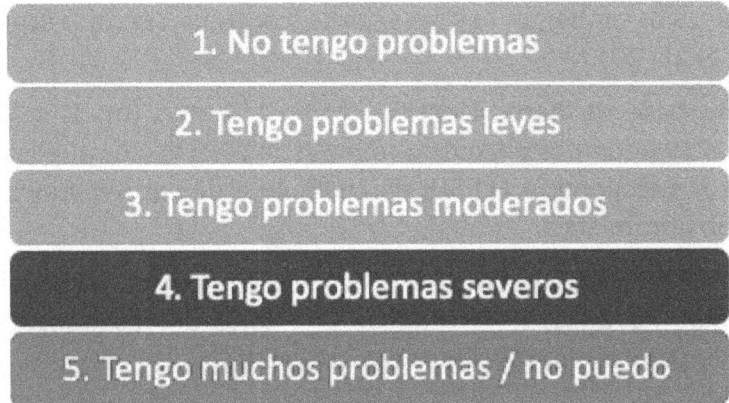

Figura 3. Niveles de respuesta en el cuestionario EQ-5D-5L

La utilidad del cuestionario EQ-5D-5L puede adquirir valores que van desde -0,654 a 1, siendo respectivamente el peor y el mejor estado de salud imaginable. En el caso de España, habitualmente se usa un algoritmo procedente de un "crosswalk" o cruce desde la versión de 3 niveles de respuesta, EQ-5D-3L (van Hout et al., 2012) está disponible en la web del grupo EuroQoL (https://euroqol.org/), donde también podemos encontrar el cuestionario en abierto.

Diversos estudios han sido publicados con el objetivo de comparar los cuestionarios EQ-5D en sus versiones de 3 y de 5 niveles en diferentes poblaciones y en diferentes países, en los cuales el lector interesado puede ampliar información sobre las diferencias entre ambos cuestionarios (Gandhi et al., 2019; Janssen et al., 2008; Janssen et al., 2018; Janssen et al., 2013; Jia et al., 2014; Kim et al., 2012; Law et al., 2018; Marti-Pastor et al., 2018). En general, la conclusión habitual es que la versión de 5 niveles es más recomendable debido a que presenta un menor efecto techo, una mayor variedad de estados de salud posibles y una mayor sensibilidad al cambio, sin presentar desventajas respecto a la anterior medida, más allá de las dificultades para comparar estudios realizados con la nueva versión y estudios realizados con la versión anterior.

Se ha observado que el cuestionario EQ-5D-5L podría ser el más sensible a la hora de evaluar el dolor (Richardson et al., 2015), lo cual le convierte en uno de los preferidos y más adecuado para su uso en fibromialgia. Sin embargo, existe cierta controversia al respecto (Vartiainen et al., 2017).

En una base de datos científica como PubMed (MedLine), en febrero de 2019 podemos encontrar un total de 29 artículos publicados empleando el cuestionario EQ-5D, en cualquiera de sus versiones, en personas con fibromialgia.

Además, este cuestionario se utilizó en la encuesta nacional de salud española de 2011, obteniéndose una serie de resultados que pueden servir para comparar con población general:

1. Más del 80% de los encuestados reporta un estado de salud de 1 (ausencia de problemas) en todas las dimensiones salvo en la dimensión dolor/malestar cuando las encuestadas son mujeres (ver Figura 4). Estos datos son muy relevantes teniendo en cuenta que este libro está orientado a la evaluación de mujeres con fibromialgia.

Figura 4. Porcentaje de personas sin problemas en la dimensión dolor/malestar del cuestionario EQ-5D-5L en población española.

Aproximadamente 1 de cada 4 personas en España manifiesta tener algún tipo de dolor o malestar, cifra superior (en torno a 1 de cada 3) cuando se analizan únicamente los resultados de mujeres. Estas diferencias son también observadas al analizar la puntuación final del cuestionario, observándose que, en general, la calidad de vida relacionada con la salud de las mujeres españolas es peor que la de los hombres. La segunda dimensión en la que se encuentran más problemas es la de ansiedad / depresión, si bien el 85% de los encuestados manifiestan no tener ningún tipo de problema en este ítem.

2. Las personas de clase social baja presentan mayores problemas de salud que las personas de clases sociales intermedias o altas. En general, estos resultados se obtienen para todas las dimensiones y afecta a ambos sexos, con la excepción de la dimensión Ansiedad/depresión, donde no se observa una tendencia clara y podrían obtenerse peores resultados por parte de clases altas en comparación con clases intermedias.

3. Las personas extranjeras en general reportan menos problemas de salud que las personas españolas, sin importar en estos resultados factores como la edad o el sexo.

4. El nivel educativo parece ser un factor relevante en la calidad de vida relacionada con la salud, encontrándose menos problemas entre aquellas personas con un mayor nivel educativo.

5. Similares resultados son obtenidos analizando la escala visual analógica (ver Figura 5), observándose una puntuación media de 77,53 sobre 100. Esta puntuación es mayor entre las personas más jóvenes y menor entre las personas de más edad.

6. El valor medio de la utilidad es 0,916, observándose patrones similares que en la escala visual analógica (ver Figura 6).

El mínimo cambio relevante en el cuestionario EQ-5D varía en función del algoritmo, el cual depende del país en el que se aplique. Sin embargo, a pesar de las discrepancias y las posibles limitaciones metodológicas, en general se encuentra que una mejora mayor del 4-8% podría ser considerada como relevante, por lo que en caso de que una intervención produzca un cambio en la calidad de vida menor a este valor, esta no debería ser considerada como importante (Coretti et al., 2014; Luo et al., 2010).

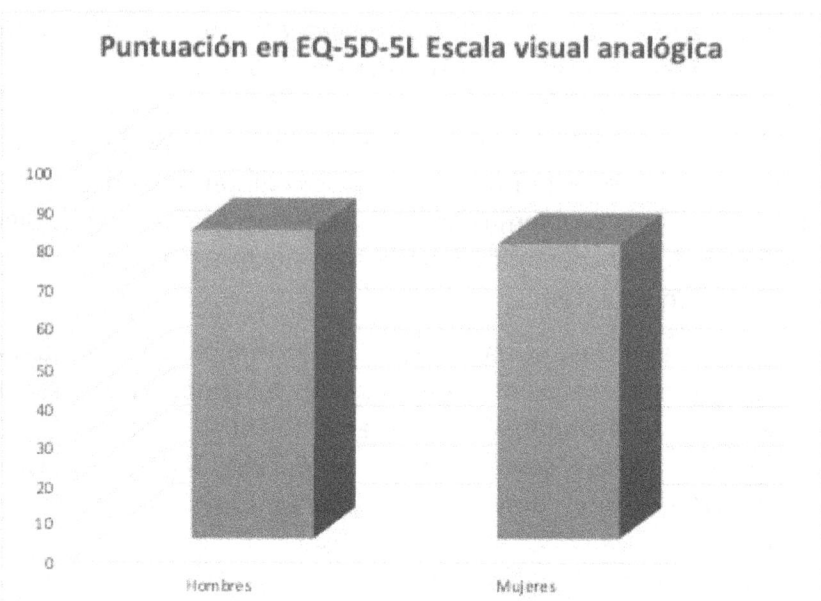

Figura 5. Puntación en la Escala Visual Analógica del cuestionario EQ-5D-5L en la Encuesta nacional de Salud española.

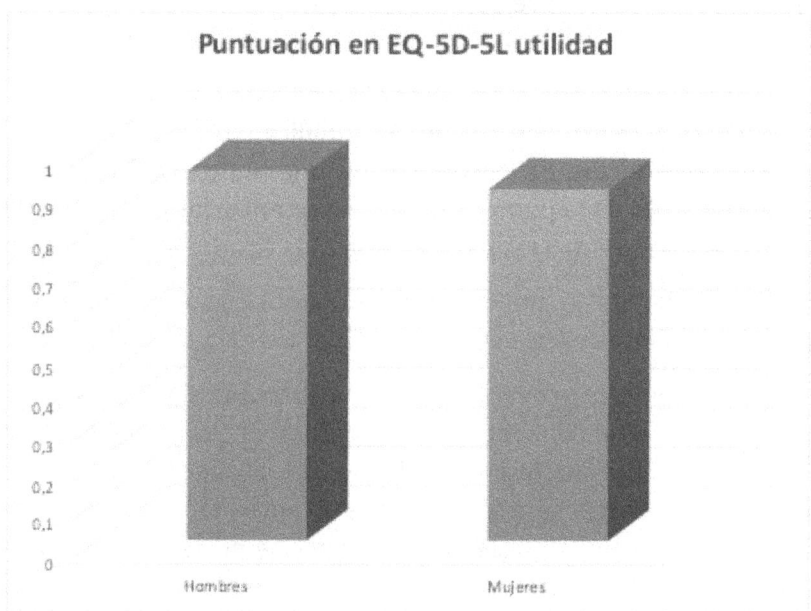

Figura 6. Puntuación en la utilidad cuestionario EQ-5D-5L en la Encuesta Nacional de Salud española.

Cuestionario 15D

El 15D es un cuestionario genérico y autoadministrado para la evaluación de la calidad de vida relacionada con la salud en personas mayores de 16 años (Sintonen, 2001). Al igual que el cuestionario EQ-5D, este instrumento proporciona puntuaciones basadas en las preferencias poblacionales que van desde 0 (peor estado de salud imaginable) hasta 1 (mejor estado de salud posible), por lo que su uso permite la obtención de utilidades que podrían utilizarse en análisis coste-efectividad.

Las dimensiones de este cuestionario pueden verse en la Figura 7.

Figura 7. Dimensiones incluidas en el cuestionario 15-D

Cada dimensión es evaluada de 1 a 5, siendo 1 "ningún problema", 2 "problemas leves / ligeros", 3 "problemas moderados", 4 "grandes / serios / severos problemas" y 5 "insoportables, extremos problemas o incapacidad".

Un reciente estudio ha mostrado que el mínimo cambio que puede ser considerado como relevante en este cuestionario es 0,015, por lo que en caso de que una intervención produzca un cambio en la calidad de vida menor a este valor, ésta no debería ser considerada como importante (Alanne et al., 2015).

Este cuestionario es más completo que el EQ-5D por ser más extenso, teniendo el triple de preguntas. Sin embargo, este extremo también hace que el tiempo requerido para su administración sea superior.

El cuestionario 15D podría recomendarse para realizar una caracterización de una muestra concreta que sea de interés, sin embargo, puede no ser el instrumento más adecuado cuando lo que buscamos es evaluar los efectos de un programa de, por ejemplo, actividad física en un colectivo específico. La mayoría de las intervenciones están enfocadas a mejorar alguna dimensión muy concreta, siendo casi imposible una mejora muy global. Aun así, si pensamos por ejemplo en una intervención basada en ejercicio físico, no sería descabellado pensar que podríamos mejorar cualquiera de las 5 dimensiones incluidas en el EQ-5D, ya que podríamos mejorar tanto su movilidad, su dolor o malestar, su capacidad para lleva a cabo tareas de la vida cotidiana (a través de la mejora de su condición física), sus tareas de cuidado personal (por ejemplo a través de la mejora de la flexibilidad o de la fuerza en una persona mayor) y también los sentimientos de ansiedad o depresión. Sin embargo, en el cuestionario 15D aparecen algunas dimensiones que muy probablemente no podrán ser mejoradas por la mayoría de las intervenciones que realicemos, caso de aquellas basadas en los sentidos (visión y oído) o en otras como la dimensión "comer" o "discurso".

Por lo anteriormente señalado, deberemos tener en cuenta a qué tipo de población estamos administrando el cuestionario y cuáles son nuestros objetivos con la evaluación que estamos realizando.

Un estudio publicado en el año 2017 mostró que el cuestionario 15D podría ser más sensible que el EQ-5D cuando se evalúa a personas con dolor crónico que tienen buena salud (Vartiainen et al., 2017). Esto parece razonable debido principalmente a que en el caso del EQ-5D una persona con dolor siempre va a obtener puntuaciones bajas, ya que solo hay otras 4 dimensiones además de la del dolor. Sin embargo, en el caso del cuestionario 15D, la dimensión dolor es solamente una de las 15, por lo que el resto de la calidad de vida se evalúa en base a 14 ítems y no solamente 4, lo cual permite una evaluación más completa y comprensiva de la calidad de vida relacionada con la salud en general.

Una búsqueda en Pubmed (MedLine) realizada en febrero de 2019, muestra que tan solo se han publicado 4 estudios utilizando el cuestionario 15D en personas con fibromialgia, si bien 3 de ellos han sido llevados a cabo con mujeres españolas afectadas por este síndrome (Collado-Mateo et al., 2017a; Collado-Mateo et al., 2018; Olivares et al., 2011).

No tenemos constancia de que se hayan realizado estudios con el objetivo de obtener datos normativos de calidad de vida relacionada con la salud utilizando el cuestionario 15D con una muestra representativa española.

Cuestionario SF-6D

El SF-6D deriva del cuestionario SF-12, que a su vez es una versión abreviada del cuestionario SF-36. Tal y como se recoge en el manual de puntuación de la versión española del cuestionario SF-36 (Alonso, 2000), recoge los 8 conceptos relacionados con la salud más importantes identificados en un estudio conocido en inglés como "*Medical Outcomes Study*". Estos 8 conceptos de salud se representan en la Figura 8:

Figura 8. Dimensiones incluidas en el cuestionario SF-36.

A continuación, procederemos a resumir brevemente en qué consiste cada dimensión tal y cómo es concebida en el cuestionario SF-36:

1. **Función física:** evalúa el grado en que las actividades como el cuidado personal, caminar, subir escaleras o realizar esfuerzos moderados o intensos se ven limitados por los problemas de salud.

2. **Rol físico:** Mide el grado en que la salud de la persona limita las tareas motoras de la vida laboral o también otras actividades diarias, disminuyendo la eficacia a la hora de realizar esas tareas, dificultándolas o limitando la ejecución de las mismas.

3. **Dolor corporal:** Entendido como el grado en que el dolor interfiere en la vida laboral y también en las actividades domésticas.

4. **Salud general:** Interpretación subjetiva de la persona de su salud actual, sus impresiones de cara a su salud en el futuro y su resistencia a la enfermedad.

5. **Vitalidad:** Grado en que la persona se siente con energía y vitalidad. Estos sentimientos serían opuestos a las sensaciones de cansancio, fatiga o agotamiento.

6. **Función social:** Evaluaría el grado en que la vida social se ve afectada por problemas de salud, incluyendo aspectos físicos y también emocionales.

7. **Rol emocional:** Esta dimensión haría referencia al grado en que los problemas de tipo emocional afectan a la vida laboral, así como a otras actividades de la vida cotidiana. Al igual que ocurría con la dimensión 2 "rol físico", esta dimensión evaluaría el grado en que una persona ve disminuido su rendimiento en estas actividades solo que en esta ocasión la evaluación se centra en los efectos de la salud emocional en lugar de los efectos en la salud física.

8. **Salud mental:** Esta amplia dimensión incluye elementos como los sentimientos depresivos o de ansiedad. Además, también recoge factores relacionados con el control de la conducta y el control emocional.

El cuestionario SF-36 fue traducido y adaptado al español por Alonso et al. (1995). Debido a la longitud del cuestionario, que hacía que en ocasiones se superaran los 10 minutos para su administración, se propuso reducir el número de ítems a un total de 12, creando el cuestionario SF-12 (Gandek et al., 1998; Vilagut et al., 2008; Ware Jr et al., 1996).

El cuestionario SF-12 mantenía las mismas 8 dimensiones que el SF-36, reduciendo el número de ítems de cada dimensión hasta un máximo de 2 ítems en 4 de las dimensiones, tal y como puede apreciarse en la Figura 9:

Dimensiones con 1 solo ítem	Dimensiones con dos ítems
• Función social • Vitalidad • Dolor Corporal • Salud General	• Función física • Rol físico • Rol emocional • Salud mental

Figura 9. Dimensiones incluidas en el cuestionario SF-12.

Además de estas dimensiones, el cuestionario SF-12 proporciona 2 medidas resumen de los resultados: el PCS o Suma de Salud Física y el MCS o Suma de la Salud Mental. Estos índices han mostrado que pueden ser buenos predictores de las puntuaciones del cuestionario original SF-36.

A diferencia de los cuestionarios anteriormente comentados, en este caso no se cuenta con un número constante de niveles de respuesta para cada uno de los ítems, sino que las opciones de respuesta pueden oscilar entre 3 y 6.

Sin embargo, a partir de los cuestionarios anteriores no se podrían obtener resultados usados para el cálculo de los años ajustados a la calidad de vida (AVAC) que permitieran el desarrollo de análisis coste-efectividad. En este contexto surge el SF-6D, cuya guía en España fue desarrollada por Perpiñán (2012). Este cuestionario pretende combinar las ventajas del cuestionario SF-36 con la posibilidad de obtener datos para la evaluación en economía de la salud.

La versión preliminar que por primera vez otorgaba valores para obtener utilidades a partir del cuestionario SF-36 fue realizado por Brazier et al. (1998) y modificado posteriormente por Brazier et al. (2002). Sin embargo, seguía presentando el problema de derivar desde el SF-36, que requiere mucho tiempo para ser completado. Por dicho motivo, se desarrolló una versión que derivaba del SF-12 (Brazier y Roberts, 2004).

A pesar de que el SF-12 deriva el cuestionario SF-36, existen algunas variaciones que hace que no sea posible utilizar los algoritmos desarrollados para el SF-36 en el SF-12.

En el proceso de creación del SF-6D derivado del SF-12, se pasó de 8 dimensiones a 6. Esto se hizo a través de la eliminación del ítem sobre la salud general y la combinación de las dos dimensiones de rol (físico y mental). La eliminación del ítem de salud general es razonable debido a su elevada correlación con el resto de dimensiones. Es decir, que un problema en cualquiera de las otras dimensiones probablemente repercutiría en ese ítem, por lo que se podría dudar de hasta qué punto esa dimensión merecería tener una entidad propia. Además, a la hora de realizar el proceso de dotación de utilidades, había algunos escenarios teóricos que eran difícilmente imaginables. Por ejemplo, imaginemos que se nos plantea un escenario en el que tenemos dolor y problemas de depresión, pero tenemos buena percepción de salud ¿sería eso posible?

La versión final del SF-6D usa un total de 7 ítems procedentes del SF-12, agrupándolos en 6 dimensiones. El proceso completo puede leerse en el artículo publicado por Brazier y Roberts (2004).

Los datos normativos para los componentes de salud físicos y mentales en la población española de los cuestionarios SF-36 y SF-12 pueden consultarse en el artículo publicado por Vilagut et al. (2008).

En un interesante estudio, (Langley et al., 2011) analizan la influencia del dolor en la calidad de vida a partir de los datos de la encuesta nacional de salud y bienestar realizada en España en 2010. Los resultados pueden verse en la Figura 10, donde se ve que las personas que experimentan más dolor ven disminuida su calidad de vida independientemente de lo que ocurra en el resto de variables.

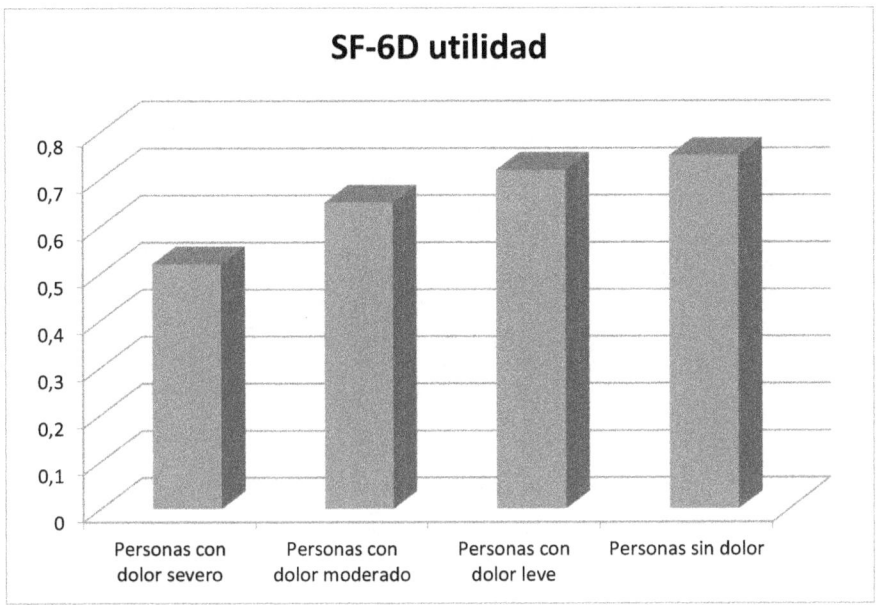

Figura 10. Utilidad obtenida en el SF-6D en función del nivel del dolor de la persona.

Del mismo modo, en ese artículo también se analiza el efecto en las medidas resumen, distinguiendo entre el componente físico y el componente mental. Como puede observarse, en las personas con dolor severo, el componente físico se ve más afectado que el componente mental. Estas diferencias se ven disminuidas cuando el dolor es moderado, mientras que en las personas con dolor leve o sin dolor el componente físico se ve menos afectado que el componente mental. Estos datos pueden apreciarse en la Figura 11 y concuerdan con los hallazgos de Segura-Jimenez et al. (2015a), que encuentran que las personas con fibromialgia ven afectada más su función física que los aspectos mentales y psicológicos.

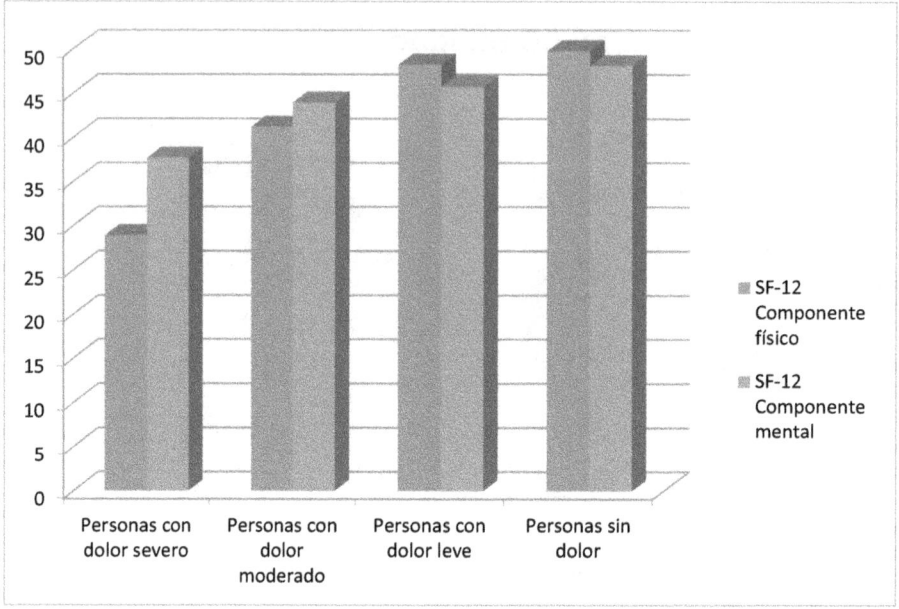

Figura 11. Puntuación obtenida en los componentes físico y mental del cuestionario SF-12 en función del nivel del dolor de la persona.

En febrero de 2019 podemos encontrar más de 200 artículos que utilizan cualquiera de las versiones de los cuestionarios SF (ya sea SF-36, SF-12 o SF-6D) en personas con fibromialgia en la base de datos científica *PubMed* (MedLine).

Cuestionario AQoL

El cuestionario AQoL toma sus siglas del inglés *Assessment of Quality of Life*. A diferencia de otros instrumentos, el AQoL fue diseñado inicialmente para su uso en estudios de evaluación en economía de la salud. Para ello, se establecieron una serie de utilidades que permitían el cálculo de los años ajustados a la calidad de vida y el análisis coste-efectividad.

Se trata de un cuestionario genérico multiatributos que evalúa la calidad de vida relacionada con la salud y que nace con el fin de subsanar las problemáticas encontradas en los otros cuestionarios en determinados contextos.

La estructura del AQoL-8D se compone de dos "superdimensiones" que a su vez se calculan a partir de un total de 8 dimensiones (Richardson et al., 2011). Esta estructura es similar a los cuestionarios SF, que se componen de un componente físico y otro componente mental. En el caso del AQoL, las dos superdimensiones son: a) superdimensión física y b) superdimensión de salud mental (ver Figura 12).

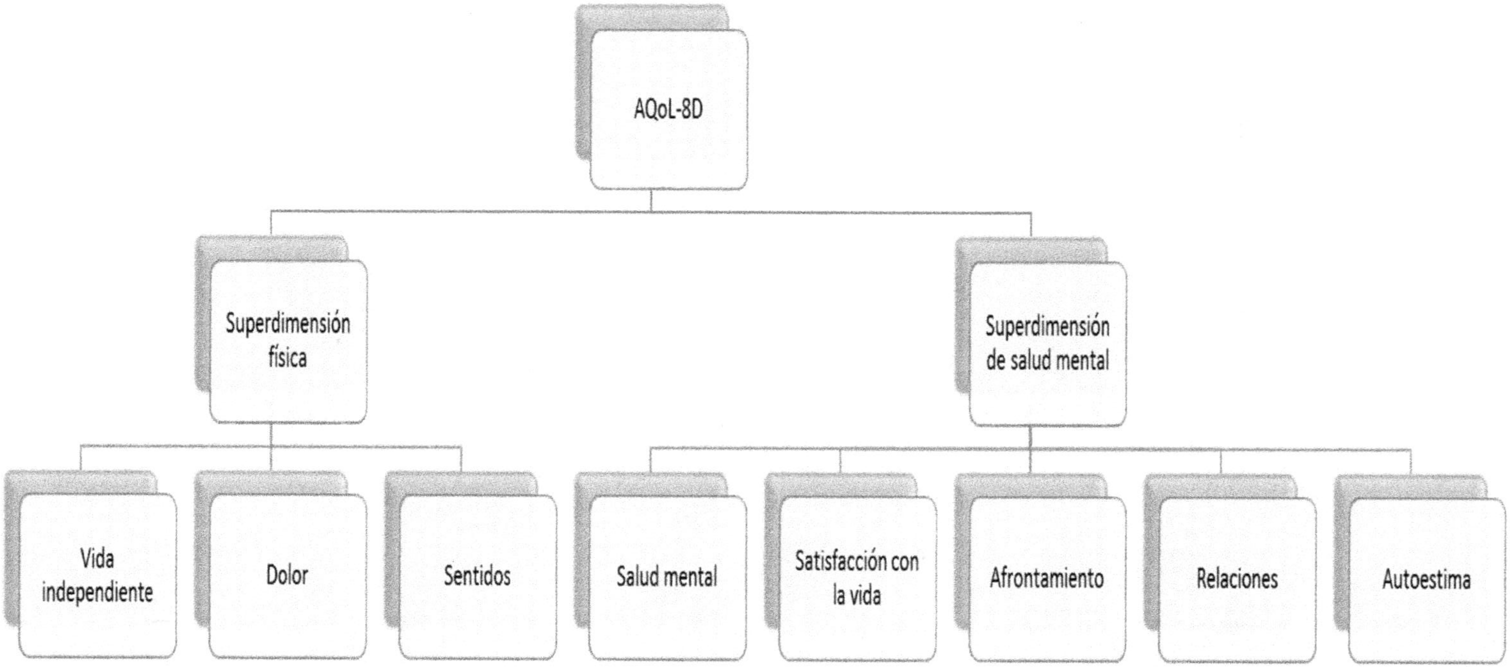

Figura 12. Dimensiones del cuestionario AQoL-8D

El número de ítems por dimensión es variable, encontrando desde un mínimo de 3 preguntas en las dimensiones "sentidos" (del inglés *senses*), dolor, afrontamiento (del inglés *coping*) y autoestima (del inglés *self-worth*); hasta las dimensiones "relaciones sociales" y "salud mental" con un total de 7 y 8 ítems respectivamente.

Dentro de la dimensión salud mental encontramos un total de 8 ítems que incluyen los sentimientos de depresión, ira, desesperación, preocupación, tristeza, agitación, autolesiones y calidad del sueño. Por otro lado, la dimensión de satisfacción con la vida encontramos ítems relacionados con el entusiasmo, la felicidad, el placer o la alegría.

Las dos dimensiones anteriormente mencionadas junto con las dimensiones de relaciones y la de autoestima hacen que este cuestionario sea diferente a todos los demás, incluyendo aspectos novedosos del nuevo concepto de salud. En este sentido, el AQoL incorpora, al igual que los cuestionarios anteriores, una medida sobre los síntomas depresivos. Sin embargo, además de la visión negativa de la salud mental, el AQoL incluye también sentimientos como la felicidad o el placer. Lo anterior significa que, mientras que en el resto de cuestionario la ausencia de depresión ya implicaría tener una salud mental óptima, en el AQoL se establecerían grados en base a la puntuación en felicidad. Esto contribuye a reducir el efecto techo de los cuestionarios de calidad de vida relacionada con la salud, dado que, mientras que la mayoría de los cuestionarios identificarían a todas las personas sin depresión con un mismo valor numérico, el AQoL distinguiría entre estas personas utilizando para ello una visión positiva de la salud.

Además de la versión de 8 dimensiones y 35 ítems (AQoL-8D), encontramos una versión más breve, el AQoL-7D con 7 dimensiones y 26 ítems, eliminando las dimensiones "felicidad" y "autoestima", añadiendo una dimensión denominada *visual impairment*. De este modo se reduce el tiempo de respuesta entre uno y dos minutos.

Del mismo modo, existen otras dos versiones del cuestionario aún más breves, que incluyen 6 y 4 dimensiones con 20 y 12 ítems respectivamente. La intención de estas versiones más reducidas es posibilitar su utilización cuando el tiempo de administración es un factor limitante. No obstante, en general se recomienda utilizar la versión más extensa siempre que la calidad de vida relacionada con la salud sea un variable relevante en el estudio que se realice.

El AQoL-6D incluye un total de 6 dimensiones, que son "vida independiente", "salud mental", "afrontamiento", "relaciones", "dolor" y "sentidos". Por otro lado, la versión de 4 dimensiones del cuestionario reduce su número de dimensiones a 4, limitándose a "vida independiente", "salud mental", "relaciones" y "sentidos".

Como aspecto común en cualquiera de los cuestionarios encontramos la dimensión de relaciones sociales, siendo una de las señas de identidad del mismo.

Los datos normativos fueron establecidos en Maxwell et al. (2016), observando de nuevo mejores resultados de calidad de vida relacionada con la salud entre los hombres en comparación con las mujeres. Estos datos han sido utilizados para la creación de la Figura 13, observando las variaciones a lo largo de la edad.

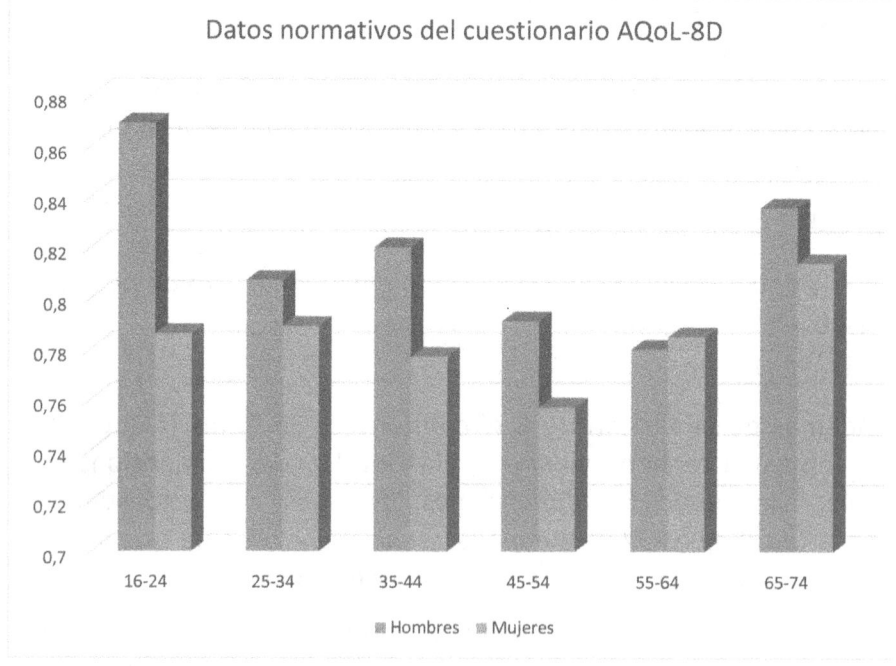

Figura 13. Valores normativos del AQoL-8D en función de la edad.

Del mismo modo, existen datos normativos de población australiana establecidos por Hawthorne et al. (2013) a partir de los datos de la encuesta nacional de salud de Australia de 2007. En la Figura 14 pueden verse los valores de referencia del cuestionario AQoL-4D por grupo de edad.

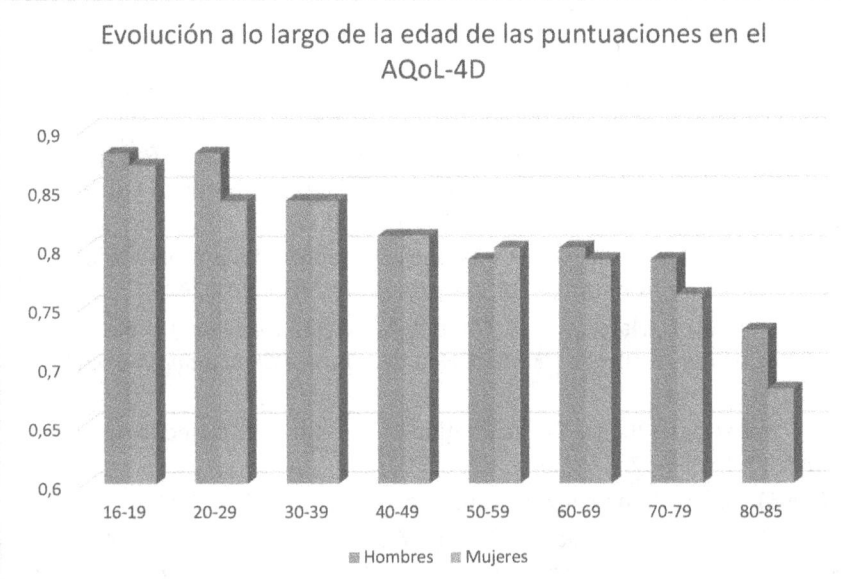

Figura 14. Valores de referencia del cuestionario AQoL-4D por grupo de edad.

Solo tenemos constancia de haberse empleado el cuestionario AQoL-8D una única vez en personas con fibromialgia. Ese estudio fue llevado a cabo con mujeres españolas y fue realizado por autores de este libro (Collado-Mateo et al., 2017a). De nuevo puede apreciarse que los hombres obtienen mayores puntuaciones, en general. Sin embargo, teniendo en cuenta los gráficos anteriores (con los datos del AQoL-8D y del AQoL-4D), existe una etapa en la que la percepción calidad de vida de la mujer podría superar a la del hombre, abarcando aproximadamente desde los 55 a los 59 años. A pesar de que existen ciertas hipótesis sobre esta circunstancia, a día de hoy no puede afirmarse con la debida fiabilidad la razón por la cual se obtienen esos valores superiores en esa franja de edad y no en otra.

Referencias – Capítulo 3

Alanne, S., Roine, R. P., Rasanen, P., Vainiola, T., & Sintonen, H. (2015). Estimating the minimum important change in the 15D scores. *Qual Life Res, 24*(3), 599-606. doi: 10.1007/s11136-014-0787-4

Alonso, J. (2000). Manual de puntuación de la versión española del Cuestionario SF-36. *Barcelona: Institut Municipal d'Investigació Mèdica (IMIM)*.

Alonso, J., Prieto, L., & Antó, J. (1995). La versión española del SF-36 Health Survey (Cuestionario de Salud SF-36): un instrumento para la medida de los resultados clínicos. *Med Clin (Barc), 104*(20), 771-776.

Badia, X., Roset, M., Montserrat, S., Herdman, M., & Segura, A. (1999). [The Spanish version of EuroQol: a description and its applications. European Quality of Life scale]. *Med Clin (Barc), 112 Suppl 1*, 79-85.

Brazier, J., Roberts, J., & Deverill, M. (2002). The estimation of a preference-based measure of health from the SF-36. *J Health Econ, 21*(2), 271-292.

Brazier, J., Usherwood, T., Harper, R., & Thomas, K. (1998). Deriving a preference-based single index from the UK SF-36 Health Survey. *J Clin Epidemiol, 51*(11), 1115-1128.

Brazier, J. E., & Roberts, J. (2004). The estimation of a preference-based measure of health from the SF-12. *Med Care, 42*(9), 851-859.

Brooks, R. (1996). EuroQol: the current state of play. *Health Policy, 37*(1), 53-72.

Collado-Mateo, D., Chen, G., Garcia-Gordillo, M. A., Iezzi, A., Adsuar, J. C., Olivares, P. R., & Gusi, N. (2017). "Fibromyalgia and quality of life: mapping the revised fibromyalgia impact questionnaire to the preference-based instruments". *Health Qual Life Outcomes, 15*(1), 114. doi: 10.1186/s12955-017-0690-0

Collado-Mateo, D., Olivares, P. R., Adsuar, J. C., & Gusi, N. (2018). Impact of fibromyalgia on sexual function in women. *J Back Musculoskelet Rehabil*. doi: 10.3233/bmr-170970

Coretti, S., Ruggeri, M., & McNamee, P. (2014). The minimum clinically important difference for EQ-5D index: a critical review. *Expert Rev Pharmacoecon Outcomes Res, 14*(2), 221-233. doi: 10.1586/14737167.2014.894462

Gandek, B., Ware, J. E., Aaronson, N. K., Apolone, G., Bjorner, J. B., Brazier, J. E., . . . Prieto, L. (1998). Cross-validation of item selection and scoring for the SF-12 Health Survey in nine countries: results from the IQOLA Project. *Journal of clinical epidemiology, 51*(11), 1171-1178.

Gandhi, M., Ang, M., Teo, K., Wong, C. W., Wei, Y. C., Tan, R. L., . . . Luo, N. (2019). EQ-5D-5L is More Responsive than EQ-5D-3L to Treatment Benefit of Cataract Surgery. *Patient*. doi: 10.1007/s40271-018-00354-7

Group, E. (1990). EuroQol--a new facility for the measurement of health-related quality of life. *Health Policy, 16*(3), 199-208.

Hawthorne, G., Korn, S., & Richardson, J. (2013). Population norms for the AQoL derived from the 2007 Australian National Survey of Mental Health and Wellbeing. *Aust N Z J Public Health, 37*(1), 7-16. doi: 10.1111/1753-6405.12004

Herdman, M., Gudex, C., Lloyd, A., Janssen, M., Kind, P., Parkin, D., . . . Badia, X. (2011). Development and preliminary testing of the new five-level version of EQ-5D (EQ-5D-5L). *Qual Life Res, 20*(10), 1727-1736. doi: 10.1007/s11136-011-9903-x

Janssen, M. F., Birnie, E., Haagsma, J. A., & Bonsel, G. J. (2008). Comparing the standard EQ-5D three-level system with a five-level version. *Value Health, 11*(2), 275-284. doi: 10.1111/j.1524-4733.2007.00230.x

Janssen, M. F., Bonsel, G. J., & Luo, N. (2018). Is EQ-5D-5L Better Than EQ-5D-3L? A Head-to-Head Comparison of Descriptive Systems and Value Sets from Seven Countries. *Pharmacoeconomics, 36*(6), 675-697. doi: 10.1007/s40273-018-0623-8

Janssen, M. F., Pickard, A. S., Golicki, D., Gudex, C., Niewada, M., Scalone, L., . . . Busschbach, J. (2013). Measurement properties of the EQ-5D-5L compared to the EQ-5D-3L across eight patient groups: a multi-country study. *Qual Life Res, 22*(7), 1717-1727. doi: 10.1007/s11136-012-0322-4

Jia, Y. X., Cui, F. Q., Li, L., Zhang, D. L., Zhang, G. M., Wang, F. Z., . . . Yang, F. (2014). Comparison between the EQ-5D-5L and the EQ-5D-3L in patients with hepatitis B. *Qual Life Res, 23*(8), 2355-2363. doi: 10.1007/s11136-014-0670-3

Kim, S. H., Kim, H. J., Lee, S. I., & Jo, M. W. (2012). Comparing the psychometric properties of the EQ-5D-3L and EQ-5D-5L in cancer patients in Korea. *Qual Life Res, 21*(6), 1065-1073. doi: 10.1007/s11136-011-0018-1

Langley, P. C., Ruiz-Iban, M. A., Molina, J. T., De Andres, J., & Castellon, J. R. (2011). The prevalence, correlates and treatment of pain in Spain. *J Med Econ, 14*(3), 367-380. doi: 10.3111/13696998.2011.583303

Law, E. H., Pickard, A. S., Xie, F., Walton, S. M., Lee, T. A., & Schwartz, A. (2018). Parallel Valuation: A Direct Comparison of EQ-5D-3L and EQ-5D-5L Societal Value Sets. *Med Decis Making, 38*(8), 968-982. doi: 10.1177/0272989x18802797

Luciano, J. V., D'Amico, F., Cerda-Lafont, M., Penarrubia-Maria, M. T., Knapp, M., Cuesta-Vargas, A. I., . . . Garcia-Campayo, J. (2014). Cost-utility of cognitive behavioral therapy versus U.S. Food and Drug Administration recommended drugs and usual care in the treatment of patients with fibromyalgia: an economic evaluation alongside a 6-month randomized controlled trial. *Arthritis Res Ther, 16*(5), 451. doi: 10.1186/s13075-014-0451-y

Luciano, J. V., D'Amico, F., Feliu-Soler, A., McCracken, L. M., Aguado, J., Penarrubia-Maria, M. T., . . . Garcia-Campayo, J. (2017). Cost-Utility of Group Acceptance and Commitment Therapy for Fibromyalgia Versus Recommended Drugs: An Economic Analysis Alongside a 6-Month Randomized Controlled Trial Conducted in Spain (EFFIGACT Study). *J Pain, 18*(7), 868-880. doi: 10.1016/j.jpain.2017.03.001

Luo, N., Johnson, J., & Coons, S. J. (2010). Using instrument-defined health state transitions to estimate minimally important differences for four preference-based health-related quality of life instruments. *Med Care, 48*(4), 365-371.

Marti-Pastor, M., Pont, A., Avila, M., Garin, O., Vilagut, G., Forero, C. G., . . . Ferrer, M. (2018). Head-to-head comparison between the EQ-5D-5L and the EQ-5D-3L in general population health surveys. *16*(1), 14. doi: 10.1186/s12963-018-0170-8

Maxwell, A., Ozmen, M., Iezzi, A., & Richardson, J. (2016). Deriving population norms for the AQoL-6D and AQoL-8D multi-attribute utility instruments from web-based data. *Qual Life Res, 25*(12), 3209-3219. doi: 10.1007/s11136-016-1337-z

Olivares, P. R., Gusi, N., Parraca, J. A., Adsuar, J. C., & Del Pozo-Cruz, B. (2011). Tilting Whole Body Vibration improves quality of life in women with fibromyalgia: a randomized controlled trial. *J Altern Complement Med, 17*(8), 723-728. doi: 10.1089/acm.2010.0296

Perpiñán, J. M. A. (2012). Utilidades SF-6D para España. Guía de uso. *Departamento de Economía, Métodos Cuantitativos e Historia Económica*.

Richardson, J., Khan, M. A., Iezzi, A., & Maxwell, A. (2015). Comparing and explaining differences in the magnitude, content, and sensitivity of utilities predicted by the EQ-5D, SF-6D, HUI 3, 15D, QWB, and AQoL-8D multiattribute utility instruments. *Med Decis Making, 35*(3), 276-291. doi: 10.1177/0272989X14543107

Richardson, J., McKie, J., & Bariola, E. (2011). *Review and critique of health related multi attribute utility instruments*: Monash University, Business and Economics, Centre for Health Economics ….

Segura-Jimenez, V., Alvarez-Gallardo, I. C., Carbonell-Baeza, A., Aparicio, V. A., Ortega, F. B., Casimiro, A. J., & Delgado-Fernandez, M. (2015). Fibromyalgia has a larger impact on physical health than on psychological health, yet both are markedly affected: The al-Andalus project. *Semin Arthritis Rheum, 44*(5), 563-570. doi: 10.1016/j.semarthrit.2014.09.010

Sintonen, H. (2001). The 15D instrument of health-related quality of life: properties and applications. *Ann Med, 33*(5), 328-336.

Testa, M. A., & Simonson, D. C. (1996). Assessment of quality-of-life outcomes. *New England journal of medicine, 334*(13), 835-840.

van Hout, B., Janssen, M. F., Feng, Y. S., Kohlmann, T., Busschbach, J., Golicki, D., ... Pickard, A. S. (2012). Interim scoring for the EQ-5D-5L: mapping the EQ-5D-5L to EQ-5D-3L value sets. *Value Health, 15*(5), 708-715. doi: 10.1016/j.jval.2012.02.008

Vartiainen, P., Mantyselka, P., Heiskanen, T., Hagelberg, N., Mustola, S., Forssell, H., . . . Kalso, E. (2017). Validation of EQ-5D and 15D in the assessment of health-related quality of life in chronic pain. *Pain, 158*(8), 1577-1585. doi: 10.1097/j.pain.0000000000000954

Vilagut, G., María Valderas, J., Ferrer, M., Garin, O., López-García, E., & Alonso, J. (2008). Interpretación de los cuestionarios de salud SF-36 y SF-12 en España: componentes físico y mental. *Med Clin (Barc), 130*(19), 726-735. doi: https://doi.org/10.1157/13121076

Ware Jr, J. E., Kosinski, M., & Keller, S. D. (1996). A 12-Item Short-Form Health Survey: construction of scales and preliminary tests of reliability and validity. *Med Care*, 220-233.

Capítulo 4

COMPARACIÓN DE CUESTIONARIOS DE CALIDAD DE VIDA RELACIONADA CON LA SALUD EN FIBROMIALGIA

Por Miguel Ángel Pérez Sousa, Santos Villafaina y Daniel Collado Mateo

Uno de los aspectos que puede ser considerado relevante es la zona de origen en la que se desarrollaron los cuestionarios. A partir de esta información, las personas que quieran evaluar la calidad de vida relacionada con la salud a través de estos cuestionarios deberán buscar adaptaciones a su idioma y contexto. En la Tabla 1 puede apreciarse el país de origen de cada uno de los 4 cuestionarios presentados en este libro.

Cuestionario	País de origen
15D	Finlandia
EQ-5D	Europa
SF-6D	Estados Unidos / Reino Unido
AQoL-8D	Australia

Tabla 1. País de origen de los principales cuestionarios genéricos que evalúan calidad de vida relacionada con la salud.

Otro aspecto que se podría tener en cuenta a la hora de elegir la utilización de un cuestionario u otro es el tiempo de administración del mismo. En la Tabla 2 se pueden apreciar los tiempos orientativos que se requieren para completar los 4 cuestionarios seleccionados.

Cuestionario	Duración
15D	4 minutos
EQ-5D	1 minuto
SF-6D	2-3 minutos
AQoL-8D	5-6 minutos

Tabla 2. Duración de los principales cuestionarios genéricos que evalúan calidad de vida relacionada con la salud.

Otro aspecto fundamental a la hora de decidir qué cuestionario usar es conocer las dimensiones que se incluyen en el cuestionario. En la Tabla 3 puede observarse un resumen de las dimensiones evaluadas por cada uno de los cuestionarios.

De todos los aspectos recogidos en la Tabla 3, el EQ-5D es el que menos incluye, ya que se basa en tan solo 5 dimensiones. Por tanto, a la hora de elegir el EQ-5D deberemos considerar que las posibles mejoras que consigamos en las otras dimensiones no se verán reflejadas en la puntuación de calidad de vida relacionada con la salud.

Dimensión	AQoL-8D	EQ-5D	15D	SF-12
Movilidad / caminar	x	x	x	x
Dolor	x	x	x	x
Autocuidado	x	x	x	
Depresión / ansiedad / ira	x	x	x	x
Actividades vida cotidiana	x	x	x	x
Dormir	x		x	
Sentidos	x		x	
Satisfacción con la vida	x			
Afrontamiento / control	x			x

Cognición / memoria		x	
Función social	x		x
Comunicación	x	x	
Función sexual	x	x	
Energía	x	x	x

Tabla 3. Dimensiones incluidas en los diferentes cuestionarios.

Por lo tanto, en base a la información recogida en la Tabla 3, si nuestro estudio tiene como objetivo la evaluación de aspectos sociales, no tendrá sentido utilizar un cuestionario como el EQ-5D o el 15D, ya que como mucho podremos obtener resultados de manera indirecta, a través de la posible relación con otras variables. Por ejemplo, una mejora a nivel social podría repercutir en una disminución de los síntomas depresivos, por lo que también podría modificar la puntuación obtenida en cualquiera de los cuestionarios.

Además, debemos considerar que el EQ-5D presenta una escala visual analógica para la salud, la cual podría ser muy interesante y complementaria a cualquiera de los cuestionarios, sirviendo por ejemplo para comprobar la validez concurrente del cuestionario que estamos usando y la calidad de las respuestas obtenidas. Por ejemplo, si evaluamos a una mujer que puntuaría con un 80 su salud, en una escala de 0 a 100 donde el 100 es la salud perfecta, no tendría mucho sentido que en el cuestionario de calidad de vida relacionada con la salud la persona manifestara dolor insoportable y graves problemas de movilidad.

El caso concreto de la fibromialgia

A la hora de evaluar la calidad de vida relacionada con la salud, debemos tener en cuenta que no solo es interesante comparar los resultados de las mujeres con fibromialgia con los de la población general para conocer el estado general de la persona o el grupo. Para dicho objetivo se han reportado los valores normativos de la población general en el apartado dedicado a cada uno de los cuestionarios.

Sin embargo, con el objetivo de presentar datos de la población de mujeres con fibromialgia, realizamos una evaluación en la cual participaron un total de 192 personas de diferentes poblaciones de España. Todos los participantes eran mujeres que habían sido diagnosticadas con fibromialgia y pertenecían a alguna asociación.

En los siguientes gráficos presentaremos valores de cada uno de los cuestionarios distribuidos por el rango de edad en el que se encontraba cada paciente. El número de personas en cada franja de edad fue variable en función del cuestionario, ya que no todas las personas incluidas en el estudio respondieron a los 4 cuestionarios. En la Figura 1 puede apreciarse el número de participantes para cada uno de los 4 cuestionarios en función de la edad que tenían, en 4 rangos de edad, distinguiendo entre a) edades que iban de 23 a 44, b) edades entre 45 y 54, c) edades entre 55 y 64 años, y d) edades entre 65 y 83 años.

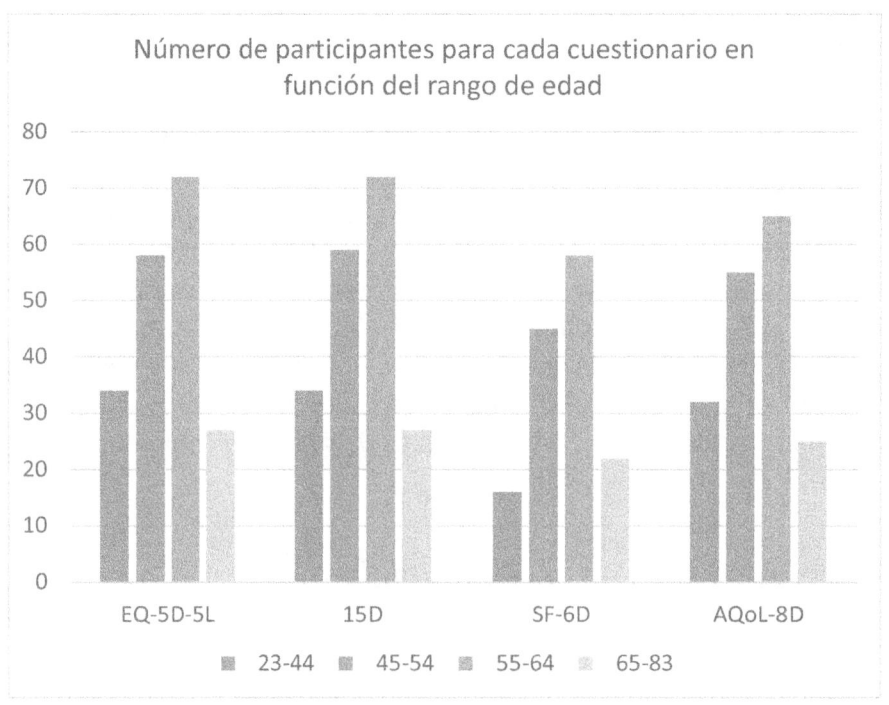

Figura 1. Número de participantes con fibromialgia incluidos en el estudio por rangos de edad.

Como puede apreciarse en la mencionada Figura 1, la mayoría de las personas que participaron en el estudio tenían entre 45 y 64 años de edad, lo cual concuerda con la literatura científica que indica que la fibromialgia suele aparecer en mujeres a partir de la menopausia. No obstante, debe considerarse que en estas medidas existe cierto sesgo, ya que los datos corresponden a mujeres que son miembros de asociaciones de fibromialgia. Este hecho podría explicar que hubiera menos mujeres mayores de 65 años, ya que es posible que estas personas de edad más avanzada tiendan a asociarse menos.

A continuación, presentaremos los datos cuestionario a cuestionario, comenzando con el EQ-5D-5L (ver Figura 2). Como puede apreciarse, la calidad de vida permanece similar hasta aproximadamente los 65 años de edad, cuando decrece ligeramente.

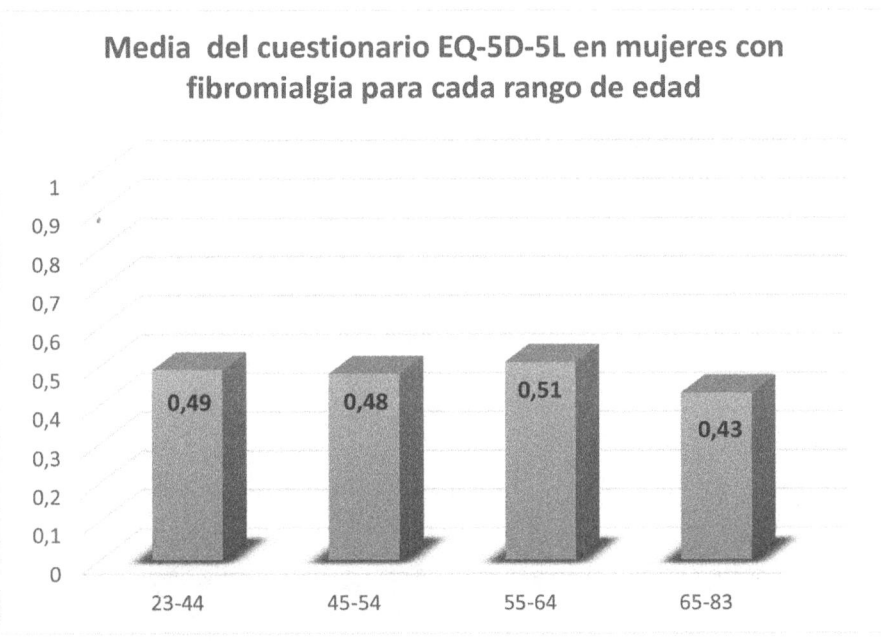

Figura 2. Valores medios del EQ-5D-5L en mujeres con fibromialgia por rangos de edad.

En la Figura 3 pueden observarse las medias de las mujeres con fibromialgia obtenidas en el cuestionario 15D. Los resultados a lo largo de la edad son coherentes con lo que ocurría anteriormente, manteniéndose muy similares en todas las edades hasta los 65, cuando desciende ligeramente.

Este descenso, encontrado en ambos cuestionarios muy probablemente está relacionado con el proceso de envejecimiento y los problemas naturales de la edad más que con aspectos específicos de la fibromialgia.

Una diferencia importante entre las puntuaciones de los cuestionarios EQ-5D-5L y 15D es que en este último las puntuaciones son más altas, llegando a presentar valores en torno a un 40% mayores. Esto podría deberse a que, en el 15D, numerosas variables no se ven mermadas (al menos directamente) por la fibromialgia, como puede ser por ejemplo la comunicación, la capacidad para comer, la respiración, el oído o la vista. Por lo tanto, mientras la fibromialgia tiene el potencial de afectar a todas las dimensiones del EQ-5D-5L, hasta un tercio de las dimensiones del 15D podrían permanecer invariables como consecuencia de la fibromialgia.

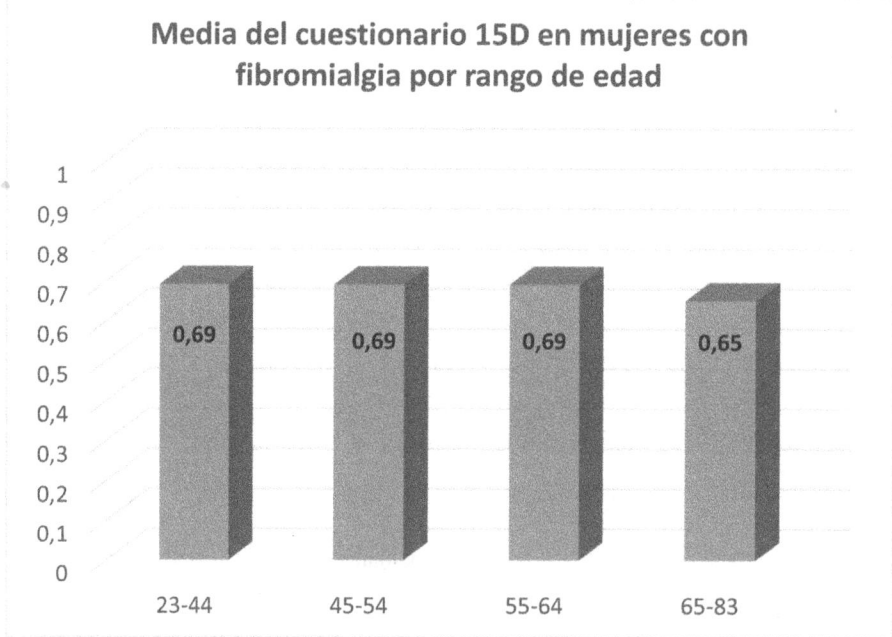

Figura 3. Valores medios del 15D en mujeres con fibromialgia por rangos de edad.

El siguiente de los cuestionarios analizados es el SF-6D, obtenido a partir del SF-12 (ver Figura 4). En este cuestionario se obtienen resultados a medio camino entre los obtenidos en el EQ-5D-5L y en el 15D.

Se aprecia una ligera mejora de la calidad de vida relacionada con la salud a medida que la edad va aumentando hasta llegar a los 65. Esta progresiva mejora podría estar relacionada con los procesos de aceptación y afrontamiento. En este sentido, para la mayoría de personas, el diagnóstico de la fibromialgia es un proceso dura que termina con el diagnóstico de una enfermedad crónica. Una vez la persona ha sido diagnosticada con fibromialgia, comienza un camino en el que la vida, tanto del paciente como del entorno más cercano, debe adaptarse a la nueva situación. A medida que la persona va conociendo mejor su enfermedad y su propio cuerpo, progresivamente va regulando y modificando también el tratamiento farmacológico y probando otras alternativas no farmacológicas. Dicho proceso se ve claramente facilitado en el caso de aquellas personas que pertenezcan a alguna asociación, al ofrecerles participar en actividades con otras mujeres asociadas como por ejemplo el taichí, la danza, el ejercicio físico, las terapias psicológicas, etc. De este modo, comienza una mejoría y una mayor capacidad para afrontar la enfermedad. Este proceso podría hacer que la calidad de vida vaya paulatinamente aumentando, si bien como se comentó anteriormente, a partir de los 65 comenzaría un declive natural que haría que la calidad de vida relacionada con la salud disminuyera independientemente de los síntomas que tuviera.

No obstante, debe tenerse en cuenta que la evolución de la enfermedad será muy diferente en función de multitud de variables de los pacientes, incluyendo su personalidad, su entorno familiar y social, su situación socio-económica, su nivel educativo, situación laboral, etc. Además, dado que la fibromialgia es un síndrome que puede englobar multitud de síntomas, cada persona presentará unas características únicas que determinarán esta evolución.

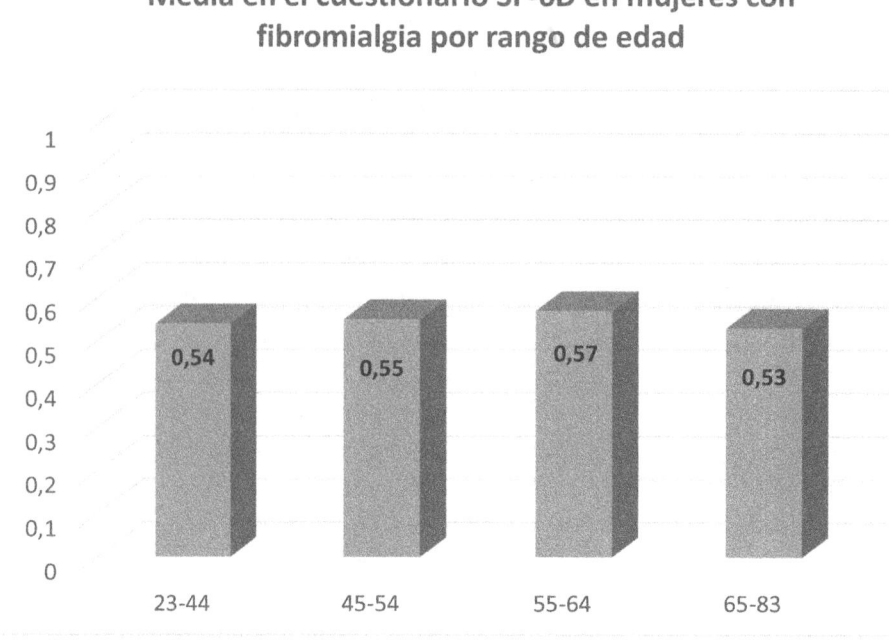

Figura 4. Valores medios del SF-6D en mujeres con fibromialgia por rangos de edad.

Probablemente los resultados más sorprendentes son los obtenidos en el cuestionario AQoL-8D (ver Figura 5), donde no se aprecia la tendencia observada en los cuestionarios anteriores. En este caso las mejores puntuaciones las obtienen las personas de mayor edad.

Sin embargo, observando las dimensiones que se recogen en este cuestionario podría explicarse en base a las dimensiones más relacionadas con la felicidad, la autoestima y, en general, la salud desde el punto de vista más social y afectivo. Dado que el AQoL-8D otorga menos importancia a la salud física que otros cuestionarios, es posible que el envejecimiento natural tenga menor relevancia.

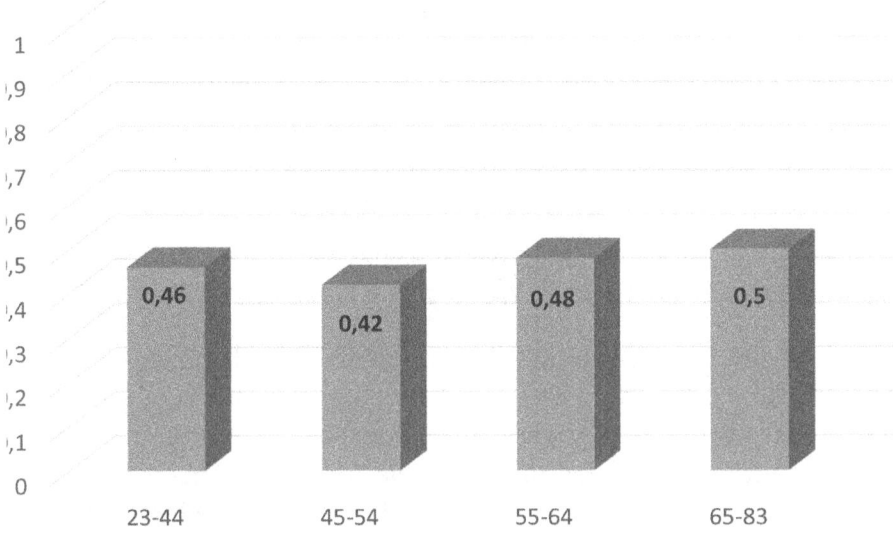

Figura 5. Valores medios del AQol-8D en mujeres con fibromialgia por rangos de edad.

Además, cabría considerar la posibilidad de que fuera un factor relevante el hecho de que, en España, es una edad en la que habitualmente hoy en día las mujeres podrían tener nietos y asumir el rol de abuela, lo cual podría mejorar en cierta medida su autoestima y su felicidad, si bien es tan solo actualmente una hipótesis.

En general también podemos observar resultados similares en cuanto a puntuación a los obtenidos en el cuestionario EQ-5D-5L, a pesar de que probablemente sean los cuestionarios más opuestos de los 4 que mostramos en este libro.

Para finalizar este capítulo, nos gustaría realizar un esfuerzo por posicionarnos a la hora de recomendar alguno de los cuestionarios propuestos para su uso en fibromialgia. A pesar de que ya hemos comentado que la utilización de uno u otro va a depender de los objetivos y de la población de nuestras evaluaciones, la opción menos arriesgada desde nuestro punto de vista sería la de usar conjuntamente los cuestionarios EQ-5D-5L, que es el más rápido y en el que el dolor tiene un peso mayor, y el cuestionario AQoL-8D, por ser el cuestionario más antagónico al anterior y evaluar dimensiones muy relevantes desde el punto de vista del concepto positivo de salud como es la felicidad, la autoestima o el bienestar social.

Dadas las buenas puntuaciones de fiabilidad y sensibilidad existentes en todos los cuestionarios propuestos, creemos que la decisión debe basarse en aspectos relacionados con la realización de una evaluación lo más completa posible, ya que elijamos la opción que elijamos estaremos usando un cuestionario sólido y con propiedades psicométricas adecuadas en personas con fibromialgia.

Los cuestionarios específicos para fibromialgia

Además de los cuestionarios generales de calidad de vida relacionada con la salud, existen algunos cuestionarios que son específicos de la fibromialgia. Sin embargo, es necesario puntualizar que estos instrumentos no evalúan la calidad de vida relacionada con la salud, sino que se centran en la medición de la tipología y la intensidad de los síntomas y en cómo afectan a aspectos de la vida cotidiana.

Por lo tanto, la puntuación de los cuestionarios que trataremos a continuación no representará calidad de vida relacionada con la salud, sino el impacto de la fibromialgia y la intensidad de los síntomas.

Los cuestionarios más utilizados para dicho fin son el Cuestionario de Impacto de la Fibromialgia, más conocido por sus siglas en español CIF o en inglés FIQ (Bennett, 2005; Burckhardt et al., 1991), y su versión revisada, con sus siglas en español CIF-R o en inglés FIQ-R (Bennett et al., 2009).

El Cuestionario de Impacto de la Fibromialgia

El cuestionario de impacto de la fibromialgia fue creado con el fin de evaluar la influencia que la fibromialgia ejerce sobre las personas afectadas (Bennett, 2005; Burckhardt et al., 1991).

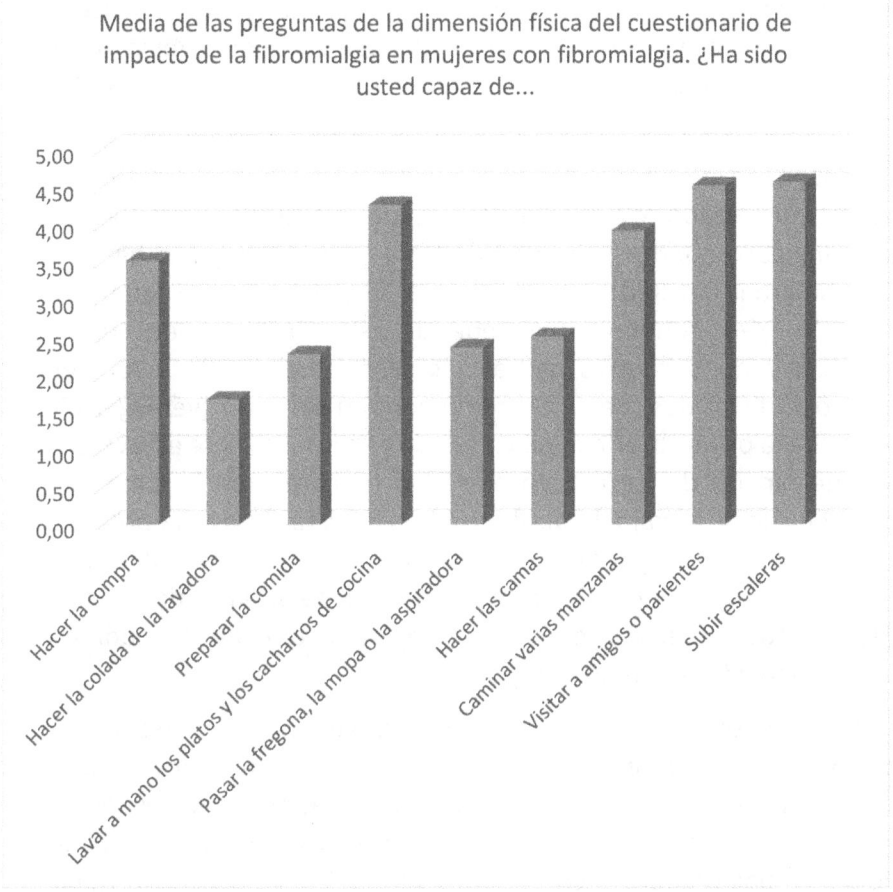

Figura 6. Valores medios de las preguntas de la dimensión física en mujeres con fibromialgia.

En España este cuestionario fue adaptado por Esteve-Vives et al. (2007). Se trata de un test con diez dimensiones, la primera de las cuales está compuesta por diez preguntas sobre si el participante ha sido capaz de realizar diferentes tareas de la vida cotidiana como hacer la compra, hacer la cama, subir escaleras, etc. Las opciones de respuesta son "siempre", "la mayoría de las veces", "en ocasiones" o "nunca", correspondiendo puntuaciones de 0, 1, 2 y 3 respectivamente. Por tanto, una mayor puntuación implicaría que el sujeto ha sido menos capaz de llevar a cabo sus actividades motoras de la vida cotidiana.

En la Figura 6 puede apreciarse la media de las puntuaciones en cada una de las preguntas de la primera dimensión del cuestionario de impacto de la fibromialgia, con excepción de la pregunta sobre el uso de transporte público, ya que la mayoría de personas no habían usado transporte público en la última semana y por lo tanto no podían responder.

La segunda de las dimensiones evalúa cuántos días de la última semana el encuestado se sintió bien (correspondiéndose con el ítem *feel good* en inglés) y cuántos días de la última semana no pudo hacer su trabajo habitual, incluido el doméstico, especificándose que esta disminución del rendimiento debería estar relacionado de la fibromialgia y no por otras causas (correspondiéndose con el ítem *missed work*). Estas dos preguntas se responden del 0 al 7 (ver Figura 7). En el caso de la primera, el 7 significaría que todos los días se estuvo bien y el 0 que ningún día se estuvo bien. Sin embargo, en la dimensión relacionada con el trabajo, la puntuación es inversa, ya que la pregunta es "¿Cuántos días de la semana no pudo hacer su trabajo habitual?". Por lo tanto, el 0 significaría que todos los días la persona pudo hacer el trabajo habitual, mientras que el 7 significaría que no se pudieron realizar las actividades ningún día.

Habitualmente se encuentran problemas en estas dos dimensiones cuando el cuestionario se pasa de forma auto-administrada. En este sentido, no es extraño que las personas respondan con el mismo número a las dos preguntas, valorando en muchas ocasiones ambas preguntas con un 0 o con un 7. Cuando encontramos respuestas de este tipo debemos pensar en si es coherente que una persona manifieste encontrarse bien los 7 días de la semana pero que ningún día pudiera hacer su trabajo habitual incluido el doméstico, o viceversa, es decir, que manifieste no encontrarse bien ninguno de los 7 días de la semana pero que pudiera hacer su trabajo habitual incluido el doméstico todos los días. En general, aunque teóricamente podría ser posible, este patrón de respuesta está relacionado con que el participante no ha entendido correctamente la pregunta.

Figura 7. Valores medios de las dimensiones encontrarse bien y del trabajo habitual del cuestionario de impacto de la fibromialgia.

El resto de preguntas se responden del 0 al 10, siendo siempre el 0 el menor impacto y el 10 el máximo (ver Figura 8). Las preguntas hacen referencia a diferentes síntomas de la fibromialgia como son el dolor, la fatiga, la calidad del sueño, la rigidez, la ansiedad y la depresión o tristeza.

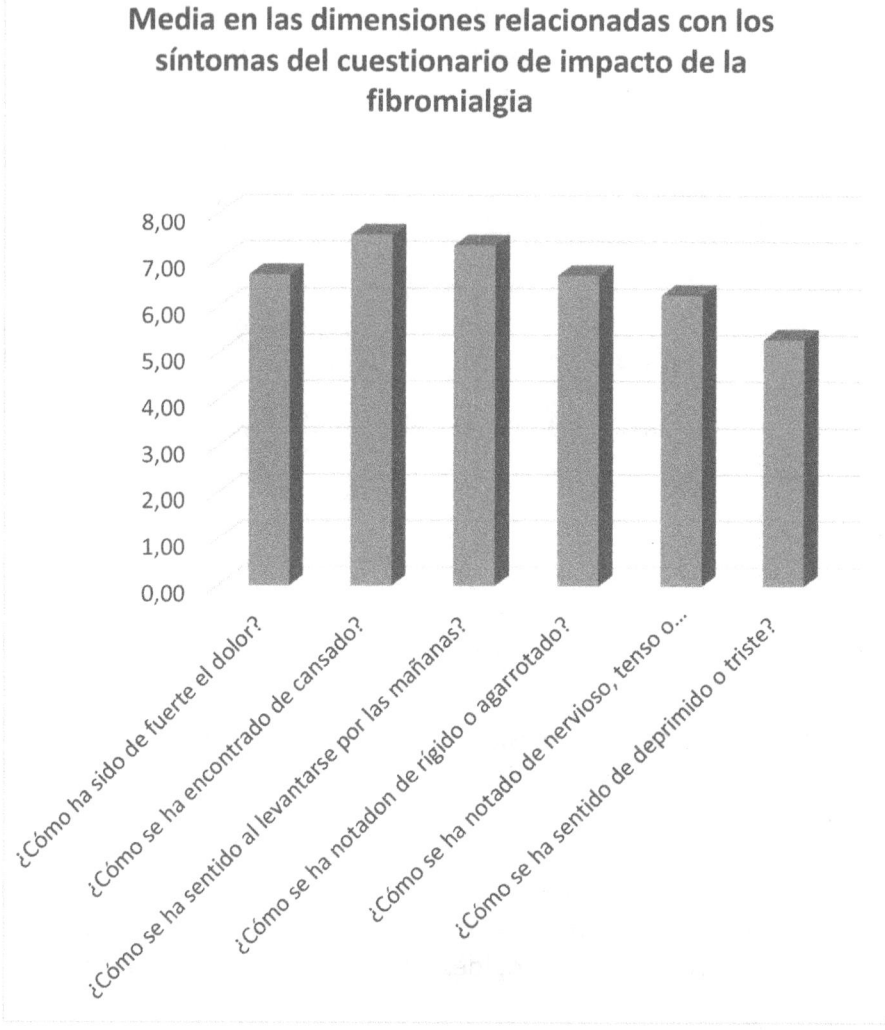

Figura 8. Valores medios de las dimensiones relacionadas con los síntomas del cuestionario de impacto de la fibromialgia.

Puede observarse que las mayores puntuaciones curiosamente no se corresponden al dolor, sino que las mujeres manifiestan que sus mayores problemas se deben a la fatiga y el cansancio. La segunda dimensión con una mayor puntuación es la de levantarse cansada por las mañanas, lo cual se relaciona tanto con el cansancio general como con el sueño, si bien en este cuestionario esta es la única referencia que se hace a la calidad del sueño.

Las siguientes dimensiones con puntuaciones más altas son el dolor y la rigidez, mientras que los aspectos más psicológicos y emocionales, como son la ansiedad y la depresión fueron las dimensiones con menor relevancia. Esto concuerda con el estudio previo que encontró que la fibromialgia presenta una mayor repercusión en los aspectos físicos que en los psicológicos (Segura-Jimenez et al., 2015a).

La versión revisada del Cuestionario de Impacto de la Fibromialgia

La versión revisada del cuestionario de impacto de la fibromialgia, la cual es habitualmente conocida como FIQ-R, fue creado con el objetivo de solventar las limitaciones encontradas en su predecesor (FIQ), tratando de mantener las propiedades esenciales del cuestionario original (Bennett et al., 2009).

Entre otras limitaciones de la primera versión del cuestionario FIQ, encontramos que estaba dirigido a personas que poseían lavadora y aspiradora, lo cual podría suponer un problema en determinados contextos socioculturales y geográficos, ya que es posible que muchas personas no usen o no tengan esos electrodomésticos.

Del mismo modo, en el FIQ-R se ha eliminado el ítem sobre la utilización de transporte público, puesto que muchas de las personas con fibromialgia no lo utilizan en su día a día. Esta limitación es fácilmente identificable cuando se administra el cuestionario, ya que se pregunta por los últimos 7 días y, dependiendo de la localidad, en muchas ocasiones no se usa. Por ejemplo, las personas que viven en entornos rurales probablemente solo usarán el transporte público para viajar entre localidades.

Además de estos problemas, la versión revisada añadió una serie de síntomas asociados a la fibromialgia adicionales, como son los problemas cognitivos, la sensibilidad al tacto, los problemas de equilibrio o la sensibilidad ambiental a ruidos, olores, etc.

La puntuación final del FIQ-R va de 0 a 100, relacionándose mayores puntuaciones un mayor impacto de la enfermedad.

El modo de cálculo de la puntuación final es la suma de sus tres dominios:

1. **Dominio funcional:** evaluado de 0 a 30, pregunta sobre la dificultad que encontró el participante a la hora de realizar diferentes tareas de la vida cotidiana. A diferencia del cuestionario original FIQ, que preguntaba sobre si la persona había sido capaz de realizar la tarea, esta versión revisada pregunta sobre la dificultad de 0 a 10 que ha supuesto la actividad, independientemente de que hubiera sido capaz de realizarla. De este modo se aumentan las posibilidades de respuesta y disminuye la incapacidad de la primera versión para distinguir las personas que llevaban a cabo las actividades con dolor y dificultad, de las que hacían sus tareas sin ningún problema. Si ambos tipos de participantes eran capaces de hacer las tareas, los dos debían marcar un 0 sin importar el modo en que se hicieran. La suma de todos los ítems daría como resultado máximo 90, por lo que la puntuación final debe dividirse por 3 para obtener la puntuación final de este dominio.

2. **Dominio del impacto global de la fibromialgia:** consta de dos preguntas sobre el impacto general en la vida del paciente, evaluada cada una de 0 a 10. La puntuación final de esta dimensión es la suma de ambas preguntas.

3. **Dominio de los síntomas:** comprendiendo 10 síntomas evaluados de 0 a 10. Los síntomas evaluados son: dolor, energía, rigidez, calidad de sueño, depresión, problemas de memoria, ansiedad, dolor al tacto, problemas de equilibrio y grado de sensibilidad al ruido intenso, la luz brillante, los olores y el frío. La puntuación final debe dividirse por 2, siendo el máximo resultado obtenido en este dominio 50. Este cuestionario fue adaptado por Salgueiro et al. (2013) al Castellano.

Los resultados medios para cada una de las 3 dimensiones pueden observarse en la Figura 9.

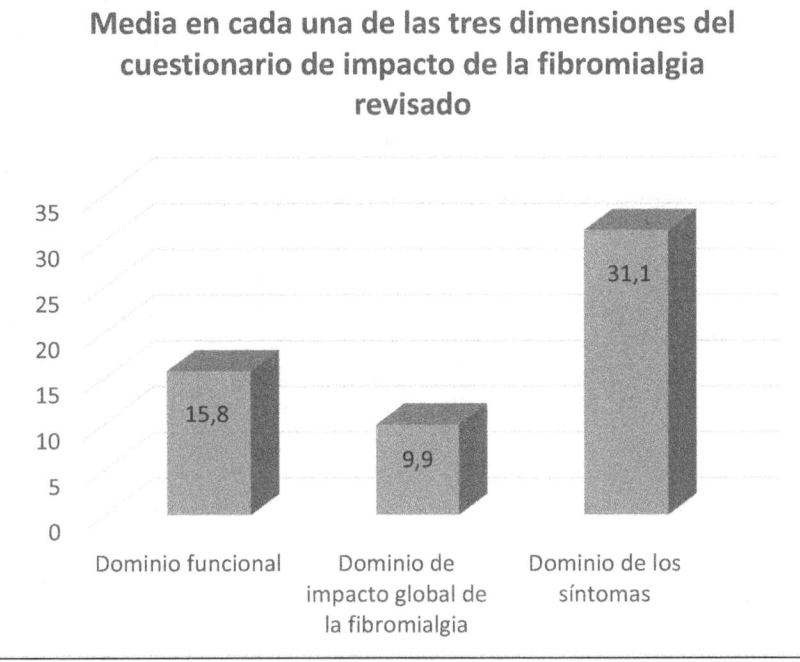

Figura 9. Media de cada una de las tres dimensiones del cuestionario de impacto de la fibromialgia revisado.

Para interpretar la Figura 9, debemos tener en cuenta el rango posible de cada una de las dimensiones. En este sentido, la puntuación máxima en la dimensión del dominio funcional es 30, en la del impacto global el máximo es 20 y en el dominio de los síntomas la puntuación máxima es 50.

Referencias – Capítulo 4

Bennett, R. (2005). The Fibromyalgia Impact Questionnaire (FIQ): a review of its development, current version, operating characteristics and uses. *Clin Exp Rheumatol, 23*(5 Suppl 39), S154-162.

Bennett, R. M., Friend, R., Jones, K. D., Ward, R., Han, B. K., & Ross, R. L. (2009). The Revised Fibromyalgia Impact Questionnaire (FIQR): validation and psychometric properties. *Arthritis Res Ther, 11*(4), R120. doi: 10.1186/ar2783

Burckhardt, C. S., Clark, S. R., & Bennett, R. M. (1991). The fibromyalgia impact questionnaire: development and validation. *J Rheumatol, 18*(5), 728-733.

Esteve-Vives, J., Rivera Redondo, J., Isabel Salvat Salvat, M., de Gracia Blanco, M., & de Miquel, C. A. (2007). [Proposal for a consensus version of the Fibromyalgia Impact Questionnaire (FIQ) for the Spanish population]. *Reumatol Clin, 3*(1), 21-24. doi: 10.1016/S1699-258X(07)73594-5

Salgueiro, M., Garcia-Leiva, J. M., Ballesteros, J., Hidalgo, J., Molina, R., & Calandre, E. P. (2013). Validation of a Spanish version of the Revised Fibromyalgia Impact Questionnaire (FIQR). *Health Qual Life Outcomes, 11*, 132. doi: 10.1186/1477-7525-11-132

Segura-Jimenez, V., Alvarez-Gallardo, I. C., Carbonell-Baeza, A., Aparicio, V. A., Ortega, F. B., Casimiro, A. J., & Delgado-Fernandez, M. (2015). Fibromyalgia has a larger impact on physical health than on psychological health, yet both are markedly affected: The al-Andalus project. *Semin Arthritis Rheum, 44*(5), 563-570. doi: 10.1016/j.semarthrit.2014.09.010

Capítulo 5

LA MEJORA DE LA CALIDAD DE VIDA RELACIONADA CON LA SALUD EN PERSONAS CON FIBROMIALGIA

Por Daniel Collado Mateo, Santos Villafaina y José Carmelo Adsuar

El tratamiento de la fibromialgia se ha erigido siempre un importante desafío para todos los profesionales que trabajan en el ámbito de la salud. Dado que ninguna terapia consigue eliminar los síntomas de la fibromialgia, existen numerosas propuestas de intervenciones que podrían tener cabida y contribuir a mejorar la calidad de vida relacionada con la salud en alguno de sus niveles y dimensiones. En la Figura 1 se muestra la evolución en el número de publicaciones en ejercicio físico y fibromialgia desde 1990 hasta la actualidad.

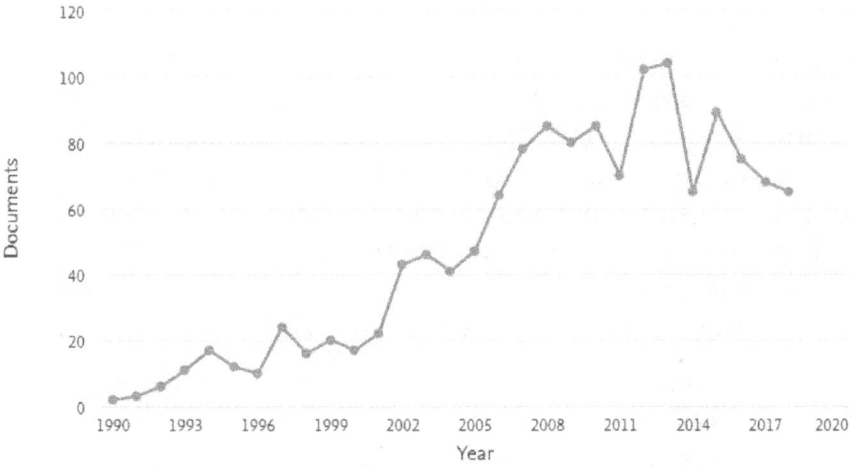

Figura 1. Evolución del número de publicaciones en ejercicio físico y fibromialgia desde 1900 hasta 2019.

Teniendo en cuenta las terapias estudiadas para el tratamiento de la fibromialgia, lo cual incluye terapias farmacológicas y no farmacológicas, el ejercicio físico podría ser en la actualidad la recomendación con un mayor nivel de evidencia científica (Macfarlane et al., 2017).

Para comprender la relevancia del ejercicio físico en personas con fibromialgia, debemos entender que, incluso antes de que el síndrome se desarrolle, el ejercicio juega un papel fundamental en el control del estrés, del metabolismo o del riesgo de obesidad y de otras muchas enfermedades. En este sentido, hay evidencia de que las personas que padecen de sobrepeso u obesidad podrían presentar más riesgo de sufrir fibromialgia (Mork et al., 2010). Este riesgo podría ser incluso mayor en el caso de que la persona además tuviera hábitos sedentarios. Por tanto, debido a la importancia del ejercicio para la prevención del sobrepeso y la obesidad, así como para la adecuada salud física, mental y social, se debería recomendar su práctica habitual en las mujeres que sufren de fibromialgia.

Sin embargo, las características de la fibromialgia repercuten en que, en ocasiones, los pacientes rechacen el ejercicio y la actividad física (Russell et al., 2018), por lo que los niveles de adherencia a programas de ejercicio físico pueden ser más bajos de lo esperado. En otras palabras, a la hora de prescribir ejercicio físico, no va a servir con simplemente darle unas pautas genéricas a la persona, ya que probablemente ésta comenzará a realizarlo, pero al poco tiempo lo dejará. Debemos entender en este sentido que el ejercicio físico puede producir ciertos efectos no deseables en cualquier persona, como el cansancio, las agujetas o el dolor. Si bien en la población general estos efectos agudos no suelen suponer un problema relevante, en personas con fibromialgia, con un umbral de dolor más bajo de lo "normal" y la frecuente presencia de síntomas depresivos, puede ser un factor que haga que las mujeres abandonen la práctica de ejercicio físico.

Teniendo en cuenta estas consideraciones, podríamos afirmar, en primer lugar, que casi cualquier práctica de ejercicio físico será más recomendable que la inactividad física y, en segundo lugar, que la prescripción de ejercicio físico debe tener en cuenta las características especiales de la población a la que va dirigida, prestando especial atención a los problemas relacionados con su umbral de dolor y sus características psicológicas.

Antes de continuar comentando los efectos del ejercicio físico sobre la calidad de vida relacionada con la salud en personas con fibromialgia, cabe destacar que la gran mayoría de los estudios lo hacen con personas que continúan tomando su medicación a lo largo de todo el estudio. Es decir, que cuando planteamos los beneficios del ejercicio, en general nos referimos a ejercicio físico como terapia complementaria al tratamiento farmacológico.

A continuación, pasamos a revisar qué tipos de ejercicios están recomendados y de qué manera podrían prescribirse.

Ejercicio físico para personas con fibromialgia

En 2014 se llevó a cabo una extensa revisión de la literatura científica sobre ejercicio físico y fibromialgia, recopilando la información de más de 50 artículos publicados en revistas de impacto con datos de casi 4000 personas con fibromialgia entre 2007 y 2013 (Bidonde et al., 2014a).

En general, se observa que existe una importante evidencia de algunos tipos de ejercicio físico, como son el ejercicio físico en el medio acuático (diversas formas de aquagym o aerobic en piscinas poco profundas y de agua caliente), el trabajo de fuerza, el ejercicio aeróbico de intensidad moderada y las combinaciones de ejercicios aeróbicos y de fuerza. Sin embargo, el nivel de evidencia de otras modalidades no parece ser suficientemente alto, si bien esto no quiere decir que no puedan ser útiles para la mejora de los síntomas de la fibromialgia. Entre estos tipos de ejercicio con menor evidencia científica encontramos el yoga, el pilates, el taichí o la vibración de cuerpo completo.

En el artículo de revisión de Bidonde et al. (2014a), se recopilan y sintetizan las diferentes características generales que serían más recomendables, en base a la evidencia científica, para la mejora de los síntomas de la fibromialgia. Podrían destacarse los aspectos que se mencionan en la Figura 2:

FRECUENCIA
• Unas 3 veces por semana
DURACIÓN DE LA SESIÓN
• De 30 a 60 minutos por sesión
INTENSIDAD
• Ligera-moderada (entre el 57% y el 76% de la frecuencia cardíaca máxima)
DURACIÓN DEL PROGRAMA
• Al menos 7 semanas

Figura 2. Características del entrenamiento recomendable para las personas con fibromialgia. Figura realizada a partir del estudio de Bidonde et al (2014).

La literatura científica demuestra que el ejercicio físico aeróbico de intensidad moderada es efectivo a la hora de mejorar la calidad de vida de las personas con fibromialgia (Bidonde et al., 2017). Por tanto, en los diferentes programas de actividad física que se puedan plantear, el componente aeróbico debería estar presente.

La siguiente pregunta sería, ¿de qué manera mejora el ejercicio físico aeróbico la calidad de vida de las personas con fibromialgia? La respuesta podría ser que esta reducción de los síntomas está relacionada con las mejoras en los niveles de rigidez, dolor y también por la mayor condición física. En definitiva, el ejercicio físico aeróbico mejoraría fundamentalmente el componente físico de la calidad de vida.

Sin embargo, a pesar de que una buena recomendación es "ejercicio físico aeróbico de intensidad moderada", existen numerosas posibilidades y características diferentes que podrían tener estos programas. Los que han demostrado mayores mejoras incluyen los siguientes elementos (ver Figura 3):

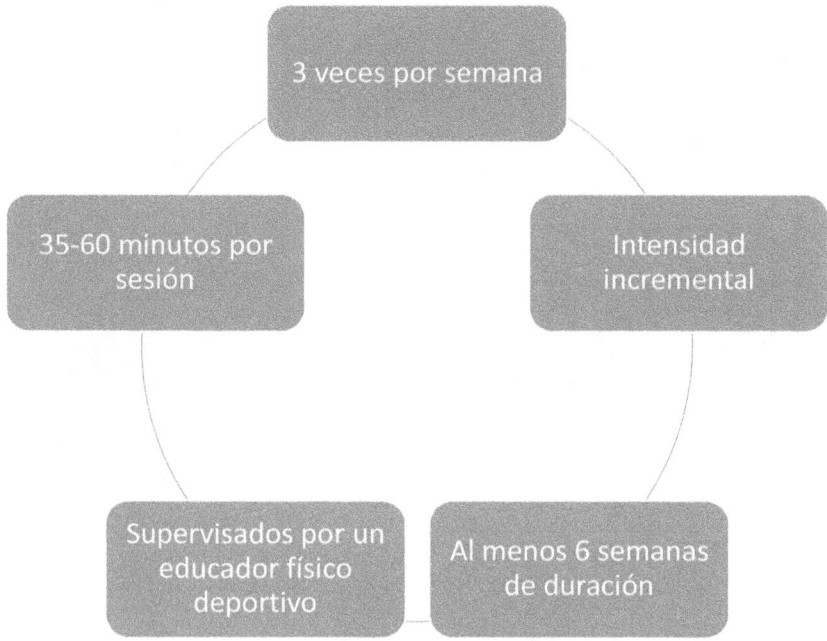

Figura 3. Elementos a tener en consideración en los programas de ejercicio físico a realizar en personas con fibromialgia.

Las mejoras en dolor y función física, a largo plazo, se producen a partir de los 6 meses. Sin embargo, en muchas ocasiones es difícil valorar si las mejoras a largo plazo son producidas tan solo debido al programa de ejercicio físico o más bien a la adopción de ciertos hábitos de vida saludable, como por ejemplo salir a caminar, mejora de las actividades sociales, etc. A pesar de todas estas recomendaciones, a día de hoy no existe evidencia científica suficiente como para comparar unos tipos de ejercicio aeróbico con otros y determinar cuál es el más adecuado.

Otro tipo de programa de ejercicio físico interesante es el entrenamiento de fuerza, cuya aplicación en fibromialgia fue también revisado recientemente (Busch et al., 2013). Las mejoras principales que proporciona este tipo de intervenciones son un aumento del bienestar y la función física, así como la reducción de diferentes síntomas cuando se combina con la terapia farmacológica. Las características del entrenamiento de fuerza realizado de manera habitual que parecen ser más eficaces son las siguientes (ver Figura 4):

Figura 4. Elementos a tener en consideración en el entrenamiento de la fuerza en personas con fibromialgia.

A pesar de que la comparación entre diferentes protocolos de ejercicio física es muy compleja, pueden extraerse algunas conclusiones en base a la literatura científica existente:

1. El ejercicio aeróbico presenta mayores mejoras en dolor y calidad del sueño que el entrenamiento de fuerza en 8 semanas (Busch et al., 2013).

2. El ejercicio físico en el medio acuático podría presentar importantes mejoras en el bienestar y la función física, así como reducir el impacto de la fibromialgia (Gusi y Tomas-Carus, 2008; Gusi et al., 2006; Tomas-Carus et al., 2008; Tomas-Carus et al., 2007a; Tomas-Carus et al., 2007b).

3. El ejercicio físico en el medio acuático podría producir menores efectos en fuerza muscular que los obtenidos en programas de ejercicio fuera del agua (Bidonde et al., 2014b).

4. Para la reducción del riesgo de caídas, la vibración de cuerpo completo (Sanudo et al., 2013; Sanudo et al., 2012) o bien ejercicios basados en propiocepción (Martinez-Amat et al., 2013) son buenas alternativas, si bien en general el ejercicio físico va a tender a mejorar el equilibrio (Jeon et al., 2014).

Sin embargo, uno de los problemas habituales de todos los programas de ejercicio físico cuando se aplican a personas con fibromialgia es el bajo nivel de adherencia que consiguen y el alto número de abandonos (Oliver y Cronan, 2002). Es por ello que a la hora de prescribir ejercicio físico es fundamental conocer los intereses de las personas a las que va dirigido el programa, de modo que una de las características esenciales será el hecho de que sea motivante.

Para ello, una de las alternativas más novedosas y motivantes es el uso de las nuevas tecnologías, por ejemplo mediante programas de actividad física basadas en realidad virtual (Adamovich et al., 2009).

En la Figura 5 podemos observar cómo el número de estudios que se centran en el ejercicio físico realizado a través de realidad virtual ha crecido en los últimos años.

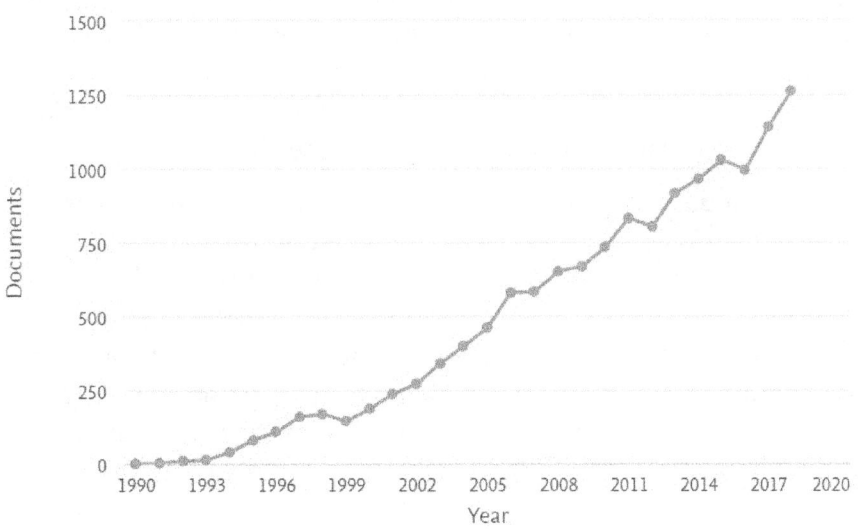

Figura 5. Evolución del número de publicaciones en ejercicio físico y fibromialgia desde 1900 hasta 2019.

Ejemplos de programas de actividad física basada en realidad virtual son los realizados en Extremadura por el grupo de investigación Actividad Física y Calidad de Vida (AFYCAV) (Collado-Mateo et al., 2017b; Collado-Mateo et al., 2017c). El protocolo llevado a cabo en estos estudios consistió en el programa VirtualEx-FM, que está centrado en mejorar el control postural y la coordinación de los miembros superiores e inferiores, así como aumentar la capacidad aeróbica, la fuerza y la movilidad, siempre teniendo en cuenta la calidad de los patrones de movimiento gracias al feedback en tiempo real proporcionado.

Tal y como se recoge en la tesis doctoral de Daniel Collado Mateo, una sesión tipo del entrenamiento con VirtualEx-FM tiene las siguientes partes:

1. **Un calentamiento realizado usando un vídeo** en el cual un experto licenciado en ciencias de la actividad física y el deporte lleva a cabo movimientos articulares de los diferentes miembros superiores e inferiores. Los participantes deben imitar estos movimientos y seguir las indicaciones proporcionadas. La velocidad de los diferentes gestos puede ser controlada a través de la interfaz, pudiendo realizarlos a velocidad normal, a la mitad de la velocidad (0,5x), con un 50% más de velocidad (1,5x), o al doble de la velocidad (2x). Esto permite aumentar la flexibilidad y aplicabilidad de la herramienta, ya que los mismos movimientos ejecutados a menos velocidad pueden usarse para, por ejemplo, una vuelta a la calma o una tarea de propiocepción.

2. **La segunda parte se centra en el componente aeróbico y se lleva a cabo a través de ejercicios de danza con diferentes estilos**: salsa, zumba, bachata, etc. Los pasos de baile han sido creados por una profesora de baile y también educadora físico deportiva. Se incidió en crear un buen número de coreografías con diferentes intensidades y dificultades con el objetivo de poder adaptar el reto a las capacidades y cualidades de los participantes y, también, para que el entrenamiento pudiera aplicarse durante varios meses en caso de que se estimara oportuno.

3. **El control postural y coordinación se entrenan a través de un juego** en el cual los participantes tienen que alcanzar una manzana que aparece y desaparece en el entorno virtual cerca de su avatar.

La parte del cuerpo usada por los participantes para alcanzar la manzana es indicada por la aplicación y puede ser controlada manualmente a través de la interfaz por el técnico.

4. **El entrenamiento de la marcha se lleva a cabo a través de un circuito** que comprende un rastro de huellas en un suelo virtual. Los participantes deben pisar esas huellas virtuales y andar por el circuito siguiendo las instrucciones que proporciona el programa. La amplitud y la cadencia de los pasos pueden ser controladas por el técnico a través de la interfaz, pudiendo aumentar la longitud de los pasos requeridos separando entre sí las huellas en el entorno virtual. Además, el software permite la selección de diferentes tipos de pisadas: pisada normal, de puntillas, sobre los talones, levantando las rodillas y levantando los talones. De nuevo, el diseño de esta tarea tuvo en cuenta ofrecer la mayor flexibilidad posible para obtener una herramienta final versátil.

Figura 6. Ejemplo del programa VirtualEx-FM.

El entrenamiento con VirtualEx-FM puede además combinarse y complementarse mediante el uso de mancuernas, gomas, *steps*, etc. Por ejemplo, la tarea de alcanzar la manzana puede realizarse con mancuernas de 1kg de peso, aumentando así la fuerza de resistencia además de la movilidad del sujeto.

En la Figura 6 se puede apreciar el programa VirtualEx-FM, tal y como se llevó a cabo en los estudios publicados en la Asociación de Fibromialgia y Fatiga Crónica de Palencia.

Otra alternativa motivante y cuyos efectos están bien documentados es la danza. Un estudio reciente se centró en revisar los artículos científicos publicados sobre danza y fibromialgia, encontrando que las formas creativas de danza producen una mejora importante en los niveles de dolor y también en la calidad de vida relacionada con la salud (Murillo-Garcia et al., 2018).

En el referido artículo se diferencia entre tipos de danza artística y tipos de danza repetitiva. Entendemos por danzas artísticas o creativas aquéllas que se basan en la expresión de las emociones de los participantes, diferenciándose de los tipos de danza repetitivos en que estos últimos tan solo requieren la imitación de un modelo y la repetición de movimientos predefinidos, sin existir un componente creativo en los mismos.

En el ámbito de la salud, las formas de danza creativas tienen una amplia variedad de aplicaciones a diferentes colectivos (Baker et al., 2017; Martin et al., 2018; Puetz et al., 2013) fundamentalmente debido al trabajo simultáneo y armonioso de cuerpo y mente (Purser, 2017), el cual va más allá del mero aspecto cognitivo (al cual se limitaría el tipo de danza repetitiva), incluyendo también aspectos emocionales.

Como tarea motora, debe considerarse que la danza no se basa únicamente en los movimientos que se realizan, sino que incluye elementos rítmicos y coordinativos que implican importantes beneficios para la salud, además de permitir la expresión de aspectos emocionales y afectivos. Junto con estos beneficios, también podemos mencionar las demandas cognitivas que supone, por ejemplo al recordar coreografías y patrones motores, y, por último, una importante interacción social (Kattenstroth et al., 2013).

Referencias – Capítulo 5

Adamovich, S. V., Fluet, G. G., Tunik, E., & Merians, A. S. (2009). Sensorimotor training in virtual reality: a review. *NeuroRehabilitation, 25*(1), 29-44. doi: 10.3233/NRE-2009-0497

Baker, F. A., Metcalf, O., Varker, T., & O'Donnell, M. (2017). A Systematic Review of the Efficacy of Creative Arts Therapies in the Treatment of Adults With PTSD.

Bidonde, J., Busch, A. J., Bath, B., & Milosavljevic, S. (2014). Exercise for adults with fibromyalgia: an umbrella systematic review with synthesis of best evidence. *Curr Rheumatol Rev, 10*(1), 45-79.

Bidonde, J., Busch, A. J., Schachter, C. L., Overend, T. J., Kim, S. Y., Goes, S. M., . . . Foulds, H. J. (2017). Aerobic exercise training for adults with fibromyalgia. *Cochrane Database Syst Rev, 6,* Cd012700. doi: 10.1002/14651858.cd012700

Bidonde, J., Busch, A. J., Webber, S. C., Schachter, C. L., Danyliw, A., Overend, T. J., . . . Rader, T. (2014). Aquatic exercise training for fibromyalgia. *Cochrane Database Syst Rev*(10), Cd011336. doi: 10.1002/14651858.cd011336

Busch, A. J., Webber, S. C., Richards, R. S., Bidonde, J., Schachter, C. L., Schafer, L. A., . . . Overend, T. J. (2013). Resistance exercise training for fibromyalgia. *Cochrane Database Syst Rev*(12), Cd010884. doi: 10.1002/14651858.cd010884

Collado-Mateo, D., Dominguez-Munoz, F. J., Adsuar, J. C., Garcia-Gordillo, M. A., & Gusi, N. (2017). Effects of Exergames on Quality of Life, Pain, and Disease Effect in Women With Fibromyalgia: A Randomized Controlled Trial. *Arch Phys Med Rehabil, 98*(9), 1725-1731. doi: 10.1016/j.apmr.2017.02.011

Collado-Mateo, D., Dominguez-Munoz, F. J., Adsuar, J. C., Merellano-Navarro, E., & Gusi, N. (2017). Exergames for women with fibromyalgia: a randomised controlled trial to evaluate the effects on mobility skills, balance and fear of falling. *PeerJ, 5,* e3211. doi: 10.7717/peerj.3211

Gusi, N., & Tomas-Carus, P. (2008). Cost-utility of an 8-month aquatic training for women with fibromyalgia: a randomized controlled trial. *Arthritis Res Ther, 10*(1), R24. doi: 10.1186/ar2377

Gusi, N., Tomas-Carus, P., Hakkinen, A., Hakkinen, K., & Ortega-Alonso, A. (2006). Exercise in waist-high warm water decreases pain and improves health-related quality of life and strength in the lower extremities in women with fibromyalgia. *Arthritis Rheum, 55*(1), 66-73. doi: 10.1002/art.21718

Jeon, S. Y., Han, S. J., Jeong, J. H., & Fregni, F. (2014). Effect of exercise on balance in persons with mild cognitive impairment. *NeuroRehabilitation, 35*(2), 271-278. doi: 10.3233/NRE-141120

Kattenstroth, J.-C., Kalisch, T., Holt, S., Tegenthoff, M., & Dinse, H. R. (2013). Six months of dance intervention enhances postural, sensorimotor, and cognitive performance in elderly without affecting cardio-respiratory functions. *Frontiers in aging neuroscience, 5*, 5.

Macfarlane, G. J., Kronisch, C., Dean, L. E., Atzeni, F., Häuser, W., Fluß, E., . . . Jones, G. T. (2017). EULAR revised recommendations for the management of fibromyalgia. *Ann Rheum Dis, 76*(2), 318.

Martin, L., Oepen, R., Bauer, K., Nottensteiner, A., Mergheim, K., Gruber, H., & Koch, S. C. (2018). Creative Arts Interventions for Stress Management and Prevention—A Systematic Review. *Behavioral Sciences, 8*(2), 28.

Martinez-Amat, A., Hita-Contreras, F., Lomas-Vega, R., Caballero-Martinez, I., Alvarez, P. J., & Martinez-Lopez, E. (2013). Effects of 12-week proprioception training program on postural stability, gait, and balance in older adults: a controlled clinical trial. *J Strength Cond Res, 27*(8), 2180-2188. doi: 10.1519/JSC.0b013e31827da35f

Mork, P. J., Vasseljen, O., & Nilsen, T. I. (2010). Association between physical exercise, body mass index, and risk of fibromyalgia: longitudinal data from the Norwegian Nord-Trondelag Health Study. *Arthritis Care Res (Hoboken), 62*(5), 611-617. doi: 10.1002/acr.20118

Murillo-Garcia, A., Villafaina, S., Adsuar, J. C., Gusi, N., & Collado-Mateo, D. (2018). Effects of Dance on Pain in Patients with Fibromyalgia: A Systematic Review and Meta-Analysis. *Evid Based Complement Alternat Med, 2018*, 8709748. doi: 10.1155/2018/8709748

Oliver, K., & Cronan, T. (2002). Predictors of exercise behaviors among fibromyalgia patients. *Prev Med, 35*(4), 383-389.

Puetz, T. W., Morley, C. A., & Herring, M. P. (2013). Effects of creative arts therapies on psychological symptoms and quality of life in patients with cancer. *JAMA Internal Medicine, 173*(11), 960-969.

Purser, A. (2017). Dancing Intercorporeality: a health humanities perspective on dance as a healing art. *Journal of Medical Humanities*, 1-11.

Russell, D., Gallardo, I. Á., Wilson, I., Hughes, C., Davison, G., Sañudo, B., & McVeigh, J. (2018). 'Exercise to me is a scary word': perceptions of fatigue, sleep dysfunction, and exercise in people with fibromyalgia syndrome—a focus group study. *Rheumatology international*, 1-9.

Sanudo, B., Carrasco, L., de Hoyo, M., Oliva-Pascual-Vaca, A., & Rodriguez-Blanco, C. (2013). Changes in body balance and functional performance following whole-body vibration training in patients with fibromyalgia syndrome: a randomized controlled trial. *J Rehabil Med, 45*(7), 678-684. doi: 10.2340/16501977-1174

Sanudo, B., de Hoyo, M., Carrasco, L., Rodriguez-Blanco, C., Oliva-Pascual-Vaca, A., & McVeigh, J. G. (2012). Effect of whole-body vibration exercise on balance in women with fibromyalgia syndrome: a randomized controlled trial. *J Altern Complement Med, 18*(2), 158-164. doi: 10.1089/acm.2010.0881

Tomas-Carus, P., Gusi, N., Hakkinen, A., Hakkinen, K., Leal, A., & Ortega-Alonso, A. (2008). Eight months of physical training in warm water improves physical and mental health in women with fibromyalgia: a randomized controlled trial. *J Rehabil Med, 40*(4), 248-252. doi: 10.2340/16501977-0168

Tomas-Carus, P., Gusi, N., Leal, A., Garcia, Y., & Ortega-Alonso, A. (2007). [The fibromyalgia treatment with physical exercise in warm water reduces the impact of the disease on female patients' physical and mental health]. *Reumatol Clin, 3*(1), 33-37. doi: 10.1016/s1699-258x(07)73596-9

Tomas-Carus, P., Hakkinen, A., Gusi, N., Leal, A., Hakkinen, K., & Ortega-Alonso, A. (2007). Aquatic training and detraining on fitness and quality of life in fibromyalgia. *Med Sci Sports Exerc, 39*(7), 1044-1050. doi: 10.1249/01.mss.0b0138059aec4

CONCLUSIONES

Como conclusiones generales de este libro, podemos mencionar que la evaluación de la calidad de vida relacionada con la salud es un proceso con numerosas aplicaciones en personas con fibromialgia, pero que también presenta una gran complejidad. En este sentido, existen una gran variedad de alternativas para realizar una evaluación adecuada, debiendo conocer las principales ventajas e inconvenientes de cada uno de los cuestionarios más empleados.

La evaluación de la calidad de vida relacionada con la salud permite obtener información muy útil para los diferentes profesionales vinculados a este ámbito, pudiendo por ejemplo evaluar la eficacia de diferentes intervenciones farmacológicas y no farmacológicas y, además, realizar un análisis económico de los resultados.

El tratamiento de la fibromialgia continúa siendo a día, de hoy un desafío de difícil solución. En la actualidad, se recomienda que las mujeres con fibromialgia realicen ejercicio físico no solo con el objetivo de evitar los riesgos asociados al sedentarismo y la inactividad física (como la obesidad, la diabetes o el cáncer), sino también con la intención de reducir la intensidad de algunos de los síntomas como el dolor, mejorar la condición física y la capacidad para llevar a cabo actividades de la vida diaria (salud física), reducir el estrés, la ansiedad y los sentimientos depresivos (salud mental) y también aumentar las interacciones sociales. La suma de estas mejoras supone un importante aumento de la calidad de vida relacionada con la salud.

www.ingramcontent.com/pod-product-compliance
Lightning Source LLC
Chambersburg PA
CBHW080454170426
43196CB00016B/2803